Fred Haller / Karl Kieslich

Matzeder

Räuber, Mörder, Delinquent
Altbayern 1810 – 1851

Geschichten über den berüchtigten
Räuber aus Simbach b. Landau

SüdOst Verlag

Bibliografische Information der Deutschen Nationalbibliothek

Die Deutsche Nationalbibliothek verzeichnet diese Publikation in der Deutschen Nationalbibliografie; detaillierte bibliografische Daten sind im Internet über http://dnb.dnb.de abrufbar.
ISBN 978-3-95587-733-0

Coverbild: Fred Haller

2. Auflage 2018
ISBN 978-3-95587-733-0

www.battenberg-gietl.de

Inhalt

Für dieses Buch wurden in vielen Recherchen historische Belege, Presseberichte und Überlieferungen zusammengetragen. Die Geschichten zeichnen das authentische Bild des berüchtigten Räubers Franz Matzeder und seiner Räuberbande, die sogenannten „Matzöder Räuber“. Durch Beschreibung der Lebensumstände und vieler Szenen ihres Treibens wird die niederbayerische Geschichte lebendig.
Die beschriebenen Personen sind, soweit belegt, mit ihren tatsächlichen Namen wiedergegeben. Nur wenige aus dem Umfeld sind frei erfunden.

Prolog

Bayern zu Beginn des 19. Jahrhunderts. Als 1799 Kurfürst Karl Theodor verstarb, ging ein Aufatmen durch das bayerische Land. »Der hätt' uns an d'Österreicher verkauft!«, hieß es, und tatsächlich war der politische Handel schon eingefädelt. Während Bayern an die Habsburger gehen sollte, wurde Karl Theodor die Regentschaft über die Niederlande zugesprochen.

Friedrich der Große aber ließ durch seinen Einspruch den Tausch in letzter Minute platzen. Wir Bayern haben es also dem großen Preußen zu verdanken, dass wir heute keine Österreicher sind.

Als neuer Kurfürst rückte Max IV. Joseph nach, dem schon bei seinem Antritt die Herzen seiner Untertanen zuflogen. Er war wohl der erste treusorgende Landesvater, der die Nähe des Volkes suchte und große Reformen der Verwaltung, Finanzen, des Militärs und Schulwesens auf den Weg brachte. In seiner bayerischen Verfassung wurden die bürgerlichen Grundrechte, wie sie auch heute noch gelten, verankert.

Außenpolitisch war es nicht leicht, Bayern auf einer stabilen Spur zu halten. Noch zu Beginn seiner Amtszeit stand er auf der Seite der Österreicher und ließ die bayerischen Soldaten gegen Frankreichs Napoleon fechten. Doch der Glanz des österreichischen Kaiserreichs schien zu verblassen, Franzosen überrannten die Städte und Dörfer, und so schlug sich der Kurfürst in einem geheimen militärischen Bündnis auf die Seite des Gegners. Im Gegenzug setzte sich Napoleon dafür ein, dass Bayern Königreich wurde. An Neujahr 1806 proklamierten Reichsherolde die neue Monarchie mit ihrem König Max I. von Bayern.

Kaum war das Bündnis besiegelt, folgte jedoch Krieg auf Krieg: als Reaktion auf die Allianz der Krieg Österreich gegen Frankreich und Bayern, dann Frankreich gegen die nun Verbündeten Österreich und

Russland, 1806/1807 Frankreich gegen Preußen und Russland, 1809 wiederum Österreich gegen Bayern und Frankreich, 1812 Frankreich gegen Russland.

Bayerische Soldaten kämpften, trotzten und fielen an der Seite der mächtigen Franzosen. Das Land litt unter den Auflagen und Forderungen der Kriegsmaschinerie. So sehr die bayerischen Verwalter und Bürgermeister auch intervenierten und versuchten, die nötigen Lebensmittel zu verstecken, zwangen die Steuern das Land an den Bettelstab.

Kronprinz Ludwig, der von Anfang an ein Gegner Napoleons gewesen war, setzte alles daran, seinen Vater von seinem Irrtum zu überzeugen.

Im Frühjahr 1814 riss der König das Ruder noch einmal herum und ließ erneut verhandeln. Seinem Feldherrn Karl Philipp von Wrede gelang das diplomatische Meisterstück der Kehrtwende. Bayern trat der bislang feindlichen Allianz aus Österreich, Preußen und Russland bei. Mit diesem Schachzug stand Bayern am Ende doch noch auf der Seite der Sieger und bekam Franken und Schwaben dazu.

Die langen Kriegsjahre hatten der Bevölkerung eine Menge abverlangt. Nicht nur, dass unzählige junge Männer in einem wirren Hin und Her ohne ideologischen Sinn ihr Leben ließen, die Versorgung des Militärs hatte den Bauern auch Brot und Vieh geraubt.

»Durchhalten – aushalten« war die Losung von Hunderttausenden, die, im Schweiße ihres Angesichts, das tägliche Brot hart erarbeiten mussten. Jeder Laib, der auf den Tisch kam, wurde mit einem Kreuzzeichen gesegnet.

Fast alle dieser armen Menschen fügten sich in ihr trauriges Schicksal. Ohne Ansprüche, dafür mit viel Fleiß und Gottvertrauen konnten sie ihr Leben bestreiten.

***

Franz Seraph Matzeder wurde am 18. Juli 1810 in Sünde geboren. Eine ledige arme Seele brachte den kleinen Buben zur Welt, dem zeitlebens die Boshaftigkeit ins Gesicht geschrieben stand. Durch seine Verstocktheit und Gefühllosigkeit ließen sich schon im Kindesalter einige alte Weiber zu unheilvollen Prophezeiungen hinreißen. Ob sie nun Recht behielten, weil der Teufel selbst von seiner Seele Besitz ergriffen hatte, oder ob die widrigen Umstände der Armut und Ausgrenzung den jungen Charakter des Franz Matzeder geformt hatten – wer kann das heute beurteilen? Fest steht, dass er sich mit dem Leben als Hungerleider, wie es viele tausend Häusler dieser Zeit stillschweigend ertrugen, nicht abfinden konnte. Er lebte seine eigene Moral von Besitz, Loyalität und Gerechtigkeit. Wer kann heute nachempfinden, wie tief die Armut und wie schmerzlich die Demütigung durch die Obrigkeit zu Beginn des 19. Jahrhunderts war? Wie kein anderer zu seiner Zeit hatte Franz Matzeder die Decke der Bedeutungslosigkeit durchbrochen. Noch heute erzählt man in seiner niederbayerischen Heimat manche Räubergeschichte und Überlieferung der Mordtaten. Heute klingen die Erzählungen fast heldenhaft; war er doch einer, der nach einem besonderen Ehrenkodex nicht bei den armen Leuten, sondern meist bei den reichen, den „Protzbauern", wie er es selbst ausdrückte, genommen hat.

Die umfangreichen Recherchen zeichnen jedoch ein anderes Bild. Freilich war Franz Matzeder bei keinem Psychiater, der die Ursachen seiner Andersartigkeit in der Gesellschaft oder mit einer traumatischen Jugend entschuldigen konnte. Keiner konnte ihm ins Herz schauen. Fest steht aber, dass detailgetreue Schilderungen in Gerichtsakten und die dokumentierte Beurteilung der Geistlichen, die ihn das letzte Wegstück bis zu seinem Tod begleitet haben, ihn als einen durch und durch frivolen und bösartigen Verbrecher beschrieben. Er ging durch die Spirale der Gewalt.

Kindheit

Unsere Geschichte beginnt mit der Liebe zweier armer, junger Leute aus dem niederbayerischen Hügelland um Simbach bei Landau.

Der 23-jährige Philipp Matzeder, Rossknecht auf dem Mitterschabinger Hof, hatte sich in die zierliche Tagelöhnerin Elisabeth Lindhuber aus Holzhäuseln bei Malgersdorf verliebt. Sie hatten sich bei einem Bauernmarkt zum Erntedankfest im Jahre 1807 in Arnstorf zum ersten Mal getroffen und seit diesem Tag immer wieder Möglichkeiten gefunden, sich zu sehen. Die leidenschaftliche Liebe der beiden blieb jedoch nicht ohne Folgen, und so stellte sich schon Anfang des folgenden Jahres bei Elisabeth eine nicht geplante Schwangerschaft ein.

Mit ein wenig Erspartem aus seinem Verdienst als Rossknecht und einem Hypothekendarlehen, das er zu bekommen hoffte, sah Philipp sich in der Lage, ein kleines Häuschen zu bauen und seine eigene Familie zu gründen. Rasch stellte er den üblichen Antrag beim Bürgermeister, damit recht bald die Hochzeit gefeiert und das erwartete Kind im Segen der Ehe zur Welt kommen konnte.

Vielleicht lag es am ungeduldigen Drängen oder einer launischen Willkür des Gemeindevorstehers – der Antrag auf Heirat wurde wegen unzureichender finanzieller Familiensicherung abgelehnt.

»Nein, sag ich, nein! Genau so ein Fall bist du, Matzeder, wie wir es nimmer dulden wollen. Zwei Habenichtse, die sich verschulden, aber Kinder züchtn wie die Hasn. Am End liegts ihr uns dann auf der Taschn! Da könn wir gleich nochmal ein Armenhäusl baun. Nein, da wird nix draus!«

»A-Aber so ist es doch net, Herr Bürgermoaster. Wir sind doch ehrbare Leut, die Liesl und i!«, stammelte Philipp Matzeder erschrocken. »Wir haben doch beide eine Anstellung und arbeiten fleißig!«

»Nix da! Bis du schaust, hast eine Stubn voller Kinder, dann ist es mit der Anstellung deiner Liesl gleich vorbei. Aber die Schulden bleibn und die Raten kannst nimmer zahlen. Glaub es mir, Matzeder, besser ist's, wenn ihr noch fünf Jahr ansparts, dann redn wir weiter.«

»Aber uns pressiert's doch, weil die Liesl ein Kind erwart!«, flehte Philipp kleinlaut und zog ein wenig verschämt an seinem Hemdkragen.

Der Bürgermeister sprang zornig auf und fluchte: »Ja Sakrament noch einmal! Genau so ist's, wie ich sag! Nix könnts abwartn, es Zigeuner! Schau dass d‘ weiterkommst – die Zustimmung zum Heiraten hast schon verspielt!«

»Geh Bürgermoaster, des kannst doch gar net verantwortn. Soll denn das Kind als Bangert zur Welt kommen? Glaub's mir, wir schaffen das schon! Am Geld wird's net mangeln!«

»An was denn sonst? Es ermangelt allerweil am Geld! Du hast noch keinen eignen Acker und kein Häusl, aber den ersten Schratzn in da Röhrn. Bleibts wie ihr seid, und Marsch aus!«

Mit zusammengepressten Lippen und hochroten Backen suchte Philipp Matzeder nach Argumenten, aber was konnte den Bürgermeister umstimmen? Die kürzlich erhobenen, neuen Verordnungen der Gemeinderäte waren allesamt nicht zu verhandeln und trafen die arme Schicht mit unverständlicher Härte. Neben den Verschärfungen bei den Heiratsbewilligungen mussten erwerbslose Bewohner mit der Ausweisung aus dem Markt rechnen. Nach vielen Jahren wurde die sogenannte Marktgeigen wieder eingeführt, wo Straffällige mit Händen und Kopf ins Geigenbrett gespannt und einen Tag dem Spott der Bürger ausgesetzt waren. Bierausschank und Sperrstunden wurden penibel genau überwacht. Dienstboten, die zu Lichtmess in keinen neuen Dienst eintraten, sollten als Vaganten angesehen und mit Stockstreichen aus dem Ort gejagt werden.

»Wir habn unsere Vorschriften!«, wurde Philipp aus seinen Gedanken gerissen. »Arbeite und spar, dann bau dir ein Häusl, und dann kriegst meinen Segn!«

»Wenn du eine christliche Nächstenlieb hast, dann lass uns erst heiraten. Dös ändert ja nix daran, dass wir sparen und uns eine Hofstell aufbauen werden. I möchte nur, dass dös Kind ehelich auf d'Welt kommt!«

»Matzeder. I hab dirs schon gsagt: Nein! Schleich di jetzt, sonst lass i dich aussiwerfn!«

Kein Diskutieren, Bitten, Fluchen und Verfluchen konnte die Entscheidung wenden. Es blieb dabei und so kam im August die kleine Klara mit dem Makel der Unehelichkeit zur Welt.

Philipp war ein Mann der Tat. Obwohl er seine Liesl nicht heiraten konnte, begann er mit dem Bau eines Häuschens zwischen Simbach und Malgersdorf auf den Fluren von Plöss.

Wenn erst einmal der Ofen im eigenen Heim brenne, dann würde es auch keine Bedenken mehr gegen die Vermählung geben, so hatte es der Bürgermeister versprochen. Als das junge Paar zu Weihnachten das Haus bezog, gab es noch immer keine Zustimmung – im Gegenteil: Mit dem sündigen Zusammenleben verhärteten sich die Fronten endgültig. Doch dem eigenwilligen Philipp lag die sprichwörtliche „matzederische Sturheit" im Blut und so machte er sich nach langem Anrennen gegen die ablehnende Amtsgewalt, Anfang Mai 1809, mit Elisabeth zu Fuß auf den Weg ins nahe Österreich. Philipp hatte von einem Pfarrer gehört, der schon mehrere bayerische Paare getraut hatte.

In dem kleinen Grenzort Braunau suchte er nach dem Geistlichen. Der Pfarrer war empört über die dreiste Bagage, die an seine Tür klopfte, doch durch das Flehen und Weinen der jungen Frau ließ er sich endlich erweichen. Das Unternehmen gelang und er traute die beiden schon am nächsten Tag, am Donnerstag, den 4. Mai, im Anschluss an die Morgenandacht in der Pfarrkirche zu Braunau.

Als glückliche Eheleute Matzeder kamen die beiden mit Trauschein nach ein paar Tagen wieder zurück. Das dreieinhalb Tagwerk kleine Anwesen, auf dem Elisabeth einige Ziegen und Hühner versorgte, bekam den Hofnamen Matzöd. Spürbarer Argwohn der Nachbarn und der Gemeinde jedoch blieb bestehen. Es wollte sich kein rechtes Glück einstellen. Wegen der Schulden fürs Haus kämpften sie ums finanzielle Überleben. Elisabeth war wieder schwanger geworden. Die kleine Klara allerdings kränkelte, wurde unter den sorgenvollen Augen der Eltern schwächer und schwächer. Als ihr Sarg im Sommer 1810 in die Grube gesenkt wurde, war das Mädchen keine zwei Jahre alt geworden. Hochschwanger stand die Mutter vor dem offenen Grab. Der Verlust der Tochter hatte sie gebrochen. In vier Wochen sollte sie wieder entbinden, doch welchen Sinn hatte all die Mühsal in Anbetracht dieses Verlustes? Es war eine schmerzliche Zeit, tränenreich und schweigsam.

In der Nacht zum 18. Juli 1810 erblickte ein kleiner Junge zum ersten Mal das warme Licht einer Öllampe im Hause Matzeder. Kein Wonneproppen, sondern ein untergewichtiger, »schwarzschopferter Ratz«. Noch am selben Tag trug ihn der Vater in einem Weidenkorb zum Pfarrer nach Malgersdorf, wo er nach seinem Patenonkel auf den Namen Franz Seraph getauft wurde.

Erst nach und nach, Elisabeth litt noch viele Wochen unter einer schweren Depression, kehrte langsam wieder Zuversicht ein. Lange Zeit hatte sie ihre Pflichten im Haus vernachlässigt, doch als ihr Mann sie trotz verständnisvoller Geduld zu drängen begann, raffte sie sich auf. Vieles war liegengeblieben, und sie merkte bald, wie ihr die Arbeit guttat. Es begann wieder ein gesunder Tagesrhythmus.

»Der sieht aus wie der Vater! Er hat auch die graugrünen Augen und kriegt bestimmt die gebogene Matzeder-Nasn!«, konnten schon sehr früh fachkundige Nachbarn feststellen. Dass das Kind den bösen Blick habe und der Familie Unglück bringen werde, erkannte die alte Nußbaumerin schon kurz nach der Geburt.

»Dös kommt davon, weil die Mutter in der Schwangerschaft z'wenig gebetet hat«, meinte sie. »Aus dem wird nix Gscheits«, wusste sie den umstehenden Nachbarn zu prophezeien.

»Alles bloß ein blöds Gered!«, schimpfte der Matzeder.

Was unsinniger Aberglaube Entsetzliches anrichten konnte, das wusste man von den Großeltern, die noch von Hexenverfolgungen und deren unsäglichem Leid berichteten. Wo sich die heilige Mutter Kirche zur Menschlichkeit besonnen hatte, da durfte man nicht hinter vorgehaltener Hand weiter Hetze betreiben!

Der alte Philipp Matzeder war ein fleißiger, und wie zu dieser Zeit in Bayern selbstverständlich, überaus gottesfürchtiger Mann. Es war üblich, alle Sonn- und Feiertage die Kirche zu besuchen und auch zu Hause bei gegebenen Anlässen Gebete zu sprechen. Wenn bei der Feldarbeit die Kirchenglocken läuteten, ließ man die Arbeit für einen Augenblick ruhen und bekreuzigte sich. Schon von Kindesbeinen an prägte der christliche Jahresrhythmus mit seinen Festen und Traditionen die Menschen von Generation zu Generation. Seit 1802 in Bayern die Schulpflicht eingeführt wurde, gingen die Kinder ab dem siebten Lebensjahr dreimal in der Woche zur Schule.

Die Jahre vergingen, und das Leben war bestimmt von der erforderlichen Arbeit der Jahreszeiten. Säen, Pflegen und Ernten der Feldfrucht. Aufziehen, Füttern und Schlachten des Viehs. Aufbauen und Ausbessern des Anwesens. Stricken, Nähen und Flicken des Gewands. Einkochen, Dörren und Lagern verschiedenster Speisen.

Elisabeth gebar noch zwei weitere Kinder: 1814 kam ein Mädchen zur Welt, das wie die verstorbene Schwester wieder Klara getauft wurde, und zwei Jahre später folgte Sepperl. Sobald die Kinder etwas herangewachsen waren, verrichteten sie kleine Arbeiten. Auch Franz, er war mittlerweile acht Jahre alt geworden und körperlich seinen gleichaltrigen Schulkameraden überlegen, musste schon kräftig mit anpacken. Eigentlich konnte der Vater mit dem Buben recht zufrieden sein, wären da nicht die ständigen Raufereien in der Schule gewesen. Auch die kleinen Diebereien, die der Franz bei der Nachbarschaft bisweilen beging, bereiteten dem Vater Sorge. Selbst wenn es sich nur um Kleinigkeiten wie Eier, Kartoffeln oder reifes Obst handelte, kam es halt immer wieder zu Ärger mit den Nachbarn. Schon hörte man die alte Nußbaumerin wieder sagen:

»Jetzt seht ihrs eh schon, i hab doch recht ghabt – der Bub hat den Deifl, aus dem wird nie was Gscheits!«

Sonntags war der alte Matzeder immer besonders gut gelaunt und bereits bei der Stallarbeit in Vorfreude auf den Kirchgang und den anschließenden Frühschoppen beim Apfelböck-Wirt. Wenn er auch das ganze Jahr über sparsam lebte, so leistete er sich einmal die Woche eine Maß Bier und pflegte im Wirtshaus den Austausch mit seinesgleichen. Nach der Frühsuppe machte sich die ganze Familie auf den Weg nach Simbach, um an der Heiligen Messe teilzunehmen. Unterwegs wurden sie des Öfteren von wohlhabenden Bauern mit ihren Gäuwägen auf den holprigen Feldstraßen überholt und wenn sie Glück hatten, wurde ihnen sogar ein verlegener Gruß zuteil. Kleine Bauern und Häusler konnten sich solche Gespanne nicht leisten und gingen zu Fuß.

Eine geradezu feierliche Stimmung kam auf, wenn der leichte Westwind das Glockengeläut aus der Pfarrkirche schon von weitem an die Ohren der Kirchgänger trug.

»Auf geht's«, trieb der Matzeder seine Familie an, »gehts ein wenig schneller, net dass wir noch zu spät kommen!«

Die gute Stimmung des Vaters hatte sich auf den älteren Sohn nicht übertragen können, denn der war vom Kirchenbesuch alles andere als begeistert. Noch schlimmer als der Gottesdienst war ihm die dreistündige Sonntagsschule verhasst, die er im Anschluss besuchen musste.

Endlich hatte die ganze Gesellschaft den Kirchenvorplatz erreicht, auf dem es schon sehr rege zuging und über dies und jenes diskutiert wurde. Die Glocken fingen abermals an zu läuten und riefen die Gläubigen zum Eintreten in das Gotteshaus. In den Kirchbänken gab es zu jener Zeit noch eine strikte Platzordnung. Die Frauen saßen links, die Männer rechts, die Mädchen und Buben jeweils in den ersten Reihen. Die Großbauern und Geschäftsleute hatten meist einen festen, gekauften Platz, der durch ein Schild mit Familien- oder Hofnamen an der Bank ausgezeichnet war.

Feierlich gestaltete Vikar Johann Brandl die heilige Messe, was ihm die Kirchenbesucher mit voller Andacht und Ehrfurcht dankten. Wie jeden Sonntag ließ es sich der Vikar nicht nehmen, nach der Messe auf den Stufen zum Portal jedem Einzelnen zum Abschied die Hand zu schütteln. Als der Matzeder an der Reihe war, sagte der Vikar, dass er ihn in den nächsten Tagen besuchen wolle, da es etwas zu besprechen gäbe. Das war seltsam. Was konnte wohl der hochwürdige Herr Vikar von ihm wollen? Fragend sah er seine Frau an, die aber ebenso überrascht war. Nachdem man sich wieder gefangen hatte, meinte die Matzederin:

»Hoffentlich hat uns der Herr Pfarrer nichts vorzuwerfen!«

Ihr Mann beruhigte sie: »Wir lebn doch das ganze Jahr über nach den christlichn Geboten und auch unsere Kinder sind streng nach dem Katholischn.«

»Oder meinst, dass der Herr Vikar unsern Franz gar als Ministrant habn möcht?«

»Geh Frau, was denkst dir denn, für solche ehrenvollen Aufgabn werdn doch nur Bubn von den reichen Gschäftsleut oder Großbauern und Viehhändlern gnommen.«

So ging der Bauer wie üblich ins Wirtshaus, und der Rest der Familie machte sich wieder auf den Heimweg, wobei der Mutter die Sache den ganzen Weg lang nicht mehr aus dem Kopf ging.

Noch ein bisschen nachdenklich erreichte Philipp Matzeder das Wirtshaus. Der Wirt grüßte freundlich. Wie immer nahm er an einem der Ecktische Platz. Am Stammtisch saßen die Großbauern und die Viehhändler. Es wäre einem Häusler oder Kleinbauern nie in den Sinn gekommen, sich an diesen Herrentisch zu setzen. Der Matzeder traf wie immer ein paar Bekannte und man tauschte untereinander Neuigkeiten aus. Als es bereits auf Mittag zuging, setzte sich plötzlich

Bürgermeister Jakob Hilz an den Tisch und bat um ein Wort unter vier Augen.

»Wir sind eh am Gehen! Pfüat Gott, bis nächsten Sonntag! Habe die Ehre, die Herrn!«, verabschiedeten sich die zwei befreundeten Knechte aus Langgraben.

»Philipp, pass auf! I muss einmal ein ernstes Wort mit dir redn. Diesmal noch im Guten, aber i kann nimmer lang zuschaun.«

»Was fehlt denn?«, brachte Matzeder überrascht heraus.

»Wegen deinem Franzl muss i mit dir redn. Du wirst es eh wissen, dass er in der Schul schon gfürchtet ist und der Lehrer ihm schon gleich jedn Tag die Strigsn gebn muss, weil er nur umtreibt und frech ist und die anderen Kinder haut.«

»Was geht's dich an? Soll ihn der Lehrer doch züchtigen! I halt ihn selber schon streng, brauchst net meinen, dass i ihm zuschau!«

»I sag dirs halt nochmal, weil's sein könnt, dass i ihn für ein paar Tag in die Arrestzelln einsperr, wenn er straffällig wird.«

»Jetzt übertreib aber net, Bürgermoaster. Wenn er frech ist, kriegt er eine Schelln und gut ist's!«

»Aber net, wenn er nochmal beim Krampfeln erwischt wird, da hört der Gspaß auf! Der Kramer Schauberger hat ihn erwischt, wie er in seinem Laden das Honigzeltlglas ausgräumt hat. Bevor wir uns einen Kriminellen heranziehn, weiß i mir schon zu helfen, dös lass dir gsagt sein!«

»Ja um Himmels Willen! Dös is dös erste Wort, dass unser Franzl in einem Ladn ebbs eingsteckt hätt. Es tut mir leid, Bürgermoaster, i werd ihn schon richten, den Lauser!«

»Dös wär angsagt. Weil wenn du dich net drum kümmerst, dann zeig i ihm, wo der Bartl den Most holt!«

Ohne einen Abschiedsgruß stand der Bürgermeister auf und nahm seinen alten Stammplatz neben dem Herrn Pfarrer und einigen Simbacher Geschäftsleuten ein. Mit Zornesröte im Gesicht beobachtete Matzeder, wie sich der Gemeindevorsteher ein Pfeifchen stopfte und sich lachend in das Gespräch seiner Tischgesellschaft einklinkte.

Das war ein Schlag ins Gesicht für den immer anständig und ehrlich lebenden Bauern. Unbeachtet schlug er mit der Faust auf die Tischplatte.

Wirsch packte er den Rock der vorbeieilenden Wirtsmagd fest und fauchte die verdutzte Frau an: »Siehst du net, dass i leer hab? I möcht noch ein Bier, aber gleich!«

»Hö, net so frech, bittschön. Du hast doch schon zahlt!«

»Aber jetzt hab i mirs anders überlegt und mag noch a Halbe trinkn, hast mi?«

»Ist ja schon guat, i bring dirs gleich!«

Mit einem tiefen Zug leerte er den frischen Krug Bier bis auf einen Drittelrest, dann wischte er sich mit dem Handrücken den Schaum vom Schnurrbart. Er stieß laut auf, dann zog er seinen Beutel aus der Jankertasche, zählte das Geld auf die Tischplatte, trank aus und ging hinaus auf den Abtritt.

Was für eine unerwartete Wende an diesem Tag, der so friedlich begonnen hatte. Der Bürgermeister, nein, besser gesagt sein eigener Bub, hatte ihm diesen schönen Sonntag mehr als verdorben. Mit einer gehörigen Wut im Bauch stapfte er heim, ohne auch nur einen Augenblick die warmen Sonnenstrahlen zu genießen, die bereits den nahen Frühling ankündigten. Die harten Wintermonate waren vorbei und die Arbeit auf den Feldern konnte bald wieder beginnen. Doch Philipp hatte keinen Blick für die Flur und keinen Sinn für Erwartungen an die aufgehende Natur.

Er würde sich noch heute den Lausbuben zur Brust nehmen und ihm eine gehörige Tracht Prügel verabreichen. Ab sofort sollte dieser Bursch die harte Hand seines Vaters zu spüren bekommen, so ging es ihm durch den Kopf.

Zu Hause wartete man schon mit dem Essen auf ihn, weil er etwas länger als sonst ausgeblieben war. Es gab wieder Brotknödel und Sauerkraut. Fleisch kam nur an besonderen Feiertagen auf den Tisch. Endlich ging die alte Eichentüre auf und der Hausherr betrat mit finsterer Miene den Raum. Er legte Hut und Janker ab, dann setzte er sich unter die Herrgottsecke an den Küchentisch.

»Wo ist denn der Franz wieder, der Saukopf?«, fragte er nach einiger Zeit der drückenden Stille.

»Der ist heut noch in der Sonntagsschul«, erwiderte die Mutter mit etwas zitternder Stimme.

Natürlich war ihr die schlechte Laune ihres Mannes aufgefallen und sie ahnte nichts Gutes, was die Frage betraf. Auch ihr war des Öfteren schon Unangenehmes über ihren Buben berichtet worden, aber sie hatte bislang nie eine große Sache daraus gemacht. Als Mutter hatte sie immer wieder schützend ihre Hand über den Buben gehalten. Was mochte er wohl dieses Mal wieder angestellt haben, dass der Vater so aufgebracht war und nicht einmal mit ihr über die Sache redete?

Ohne ein weiteres Wort zu verlieren sprach Philipp das Tischgebet. Als Franz am Spätnachmittag mit mehreren Stunden Verspätung von der Sonntagsschule nach Hause kam, erwartete ihn der Vater schon an der Haustüre. Mit einem Lederriemen gab es eine Tracht Prügel wie noch nie zuvor. Geholfen hat es nichts.

***

Nach einem beschwerlichen Werktag im Mai genoss die Familie das Abendbrot. Man wird wohl auch über den kommenden hohen christlichen Feiertag »Christi Himmelfahrt«, der in drei Tagen gefeiert werden würde, gesprochen haben. Eine alte Bauernregel sagt:

»Bei Regen auf Himmelfahrt, wird Viehfutter schlecht bewahrt.«

Sicher kannten die Matzeders auch den religiösen Hintergrund dieses hohen Feiertags. Der Gedenktag der Himmelfahrt Christi ist eines der ältesten katholischen Feste. Seit etwa 400 n. Chr. wird das Fest an einem Donnerstag vierzig Tage nach Ostern gefeiert. Am Himmelfahrtstag wird um Schutz vor Hagel, Frühjahrsgewittern und gegen alle Gefahren für Mensch und Tier gebetet. In manchen Ge-

genden finden auch heute noch Flurritte und Bittgänge statt. Um Blitzschläge abzuwehren, band man früher Himmelfahrtskränze zusammen und hängte sie am Haus und am Stall auf. Die Eheleute waren guter Stimmung und freuten sich auf die Abwechslung durch das Fest.

Durch das offene Fenster leuchtete gerade die untergehende Sonne, als es an der Tür klopfte und, ohne ein »Herein!« des Hausherrn abzuwarten, der Herr Vikar Brandl und sein Mesner eintraten.

»Was für späte, aber angenehme Gäst!«, begrüßte der Bauer die beiden Herren.

»Gott zum Gruße!«, erwiderte der Vikar und setzte sich sogleich auf den ihm angebotenen Stuhl.

»Was verschafft uns denn die Ehre, Herr Pfarrer?«

»Du weißt ja, Matzeder, nach Ostern sammeln wir die Beichtzettel ein und nun sind wir nach einem langen Tag noch bei dir angekommen. Jeder Christenmensch sollte mehrmals im Jahr zur Beichte gehen und vor dem Pfarrer seine Sünden bekennen, aber das brauch ich dir ja nicht zu erklären.«

Ein bisschen verlegen antwortete Philipp Matzeder: »Ja, Herr Vikar, freilich weiß i, um was es in der Beicht geht.«

***

Bei der Osterbeichte gab der Priester im Beichtstuhl dem Gläubigen den sogenannten Beichtzettel mit nach Hause. Diesen musste man gut aufheben, da in der Zeit zwischen Ostern und Pfingsten der Pfarrer zu jeder Familie kam, um den Beichtzettel wieder einzusammeln. Der Geistliche hatte dadurch eine Kontrolle, wer zu Ostern das Pflichtsakrament wahrgenommen hatte und wer nicht. Das Beichtzetteleinsammeln hatte aber auch noch einen ganz anderen Grund: Es war die Gelegenheit für die Gemeindemitglieder, dem Pfarrer Spenden und Viktualien zukommen zu lassen, die durchaus erwartet wurden. Der Pfarrer nahm deshalb noch einen Gehilfen, meistens den Mesner oder einen Ministrantenn mit, der ihm beim Heimtragen half. Das Einkommen der Geistlichen war gering, und so hofften sie auf großzügige Unterstützung durch die Pfarrmitglieder. Das persönliche Erscheinen des Pfarrers hatte also damals einen seelsorgerischen, wie auch einen ökonomischen Hintergrund. Die Matzederin holte die Beichtzettel und überreichte ein paar Eier und Schmalz dazu. Mit einem »Vergelt's Gott« bedankte sich der Vikar, um dann mit ernster Miene noch eine andere Sache anzusprechen:

»Noch was muss ich mit dir ausreden, Matzeder. Du erinnerst dich sicher noch, dass ich dich vor einigen Wochen nach der Sonntagsmesse angesprochen habe, weil ich mit dir was zu reden hab, was Unschönes leider.«

»Ja freilich«, antwortete er, »um was geht's denn, Herr Pfarrer?«

»Ich hab vor dir und deiner Frau großen Respekt, das darfst du mir glauben. Ich seh, wie ihr mit dem kleinen Anwesen euer täglich Brot erwirtschaften müsst und das ist sicher hart. Du bist rechtschaffen, ehrlich und genügsam, so wie es vor dem Herrgott recht ist. Aber mit deinem Sohn, dem Franzl, gibt es ständig eine Gaudi. Du wirst es eh schon ghört haben, oder? In der Schul und auch allgemein im Dorf. Neulich erst hat er in der Schul das Kruzifix angespuckt und damit unseren Herrgott auf das Übelste geschändet! Matzeder, da graust es mir! So etwas kann i überhaupt net verstehn. Auch hat er mit den umstehenden Kindern wieder, wie schon so oft, eine Rauferei angefangen. Ja sogar den Herrn Lehrer hat er geduzt und ihn hinterfotzig geheißen.«

Der Matzeder und seine Frau saßen wie versteinert am Tisch, nicht fähig, auch nur ein Wort dazu zu sagen. Der Vikar berichtete weiter, dass der Bub beim Wasner Fixinger einen Hasen gestohlen und dieses arme, auch von Gott erschaffene Tier, zu Tode gequält habe. Und der Vikar, dessen Kopf mittlerweile schon rot angelaufen war und dessen Stimme immer lauter und vorwurfsvoller wurde, erzählte weiter, dass der Bub beim Unterwirt Mitterhauser einem Schaf so zugesetzt habe, dass es sich einen Fuß gebrochen habe und geschlachtet werden musste.

»Wenn das so weitergeht«, so der Vikar drohend, »dann habt ihr demnächst die Gendarmen im Haus!«

Es brauchte einige Zeit, ehe der Alte wieder Worte fand und stammelte:

»Oh, diese Schand – i bring ihn noch um, den Saufratzn!«

Regungslos und mit Tränen in den Augen saß die Matzederin, unfähig, etwas zu sagen.

Der Herr Vikar erkannte die beschämende Situation und versuchte zu beruhigen: »Es kommt net immer so schlimm, wie es den Anschein hat. Noch ist es net zu spät, ihr könnts sicher auf seinen Charakter Einfluss nehmen und ihn richten.«

Nachdem die beiden kirchlichen Herren gegangen waren, suchte Philipp seinen missratenen Buben, der sich mit gewisser Vorahnung in den Heustadel verdrückt und dort versteckt hatte. Aber einmal muss jeder Farbe bekennen und so gab er, als es schon lange finster war, sein Versteck auf und wollte sich, gern ohne Abendbrot, auf seine Kammer schleichen. Gleich als er die knarrende Haustür wieder ins Schloss drückte, packte ihn sein Vater am Haarschopf und ließ ihn den Haselnussstecken auf dem Hosenboden spüren.

Das Matzeder-Anwesen um ca. 1830 umfasste 3 Tagwerk Grund. (Foto: Auszug aus Katasterkarten, Vermessungsamt Landau/Isar)

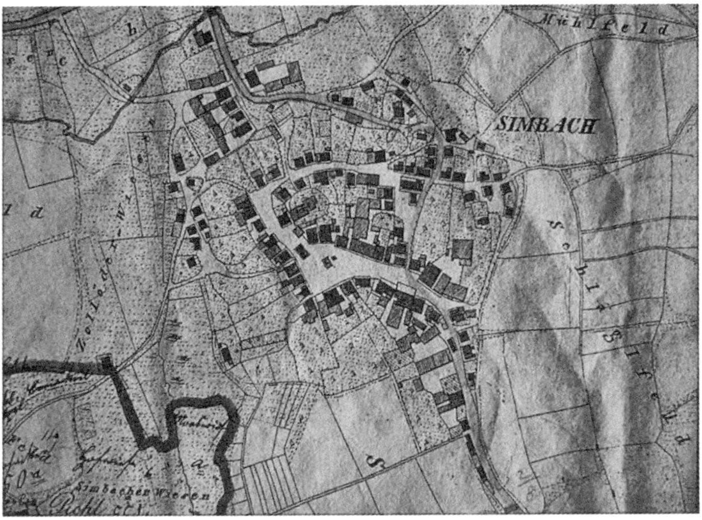

Simbach bei der Landvermessung 1830. (Foto: Auszug aus Katasterkarten, Vermessungsamt Landau/Isar)

Kleinhäusler

Im ländlichen Sozialgefüge des 19. Jahrhunderts ließen sich die Kleinhäusler klar als eigene Gruppe erkennen.

Kleinhäusler war, wer zwar einen eigenen Haushalt führen konnte, aber zu wenig Grund und Boden besaß, um von der eigenen Landwirtschaft leben zu können. Sie mussten deshalb zeitweise nebenher, in einem anderen Handwerk oder in unselbständiger Anstellung, arbeiten und dazuverdienen. Häusler und Kleinbauern bildeten eine feste, dauerhafte Schicht der ländlichen Gesellschaft.

Mit Besenbinden und Gelegenheitsarbeiten bei den Großbauern hielten sich Kleinhäusler über Wasser.

In der Hierarchie der Dorfgemeinschaft hatten sie neben den Handwerkern als Hausbesitzer einen wesentlich höheren Stellenwert als Tagelöhner (Gelegenheitsarbeiter ohne eigenen Besitz), Knechte, Mägde oder anderes Gesinde.

Hungerjahr'

Zusätzliche Not kam in den Jahren 1816 und 1817 über ganz Europa. Zwei Jahre wollte die Sonne nicht scheinen und das Getreide auf den Feldern nicht reifen lassen. Über die Sommermonate regnete es fast jeden Tag. Kartoffeln ersoffen in der matschigen Erde, und das Getreide konnte erst in den späten Herbstmonaten in nassem Zustand eingebracht werden. Vieles ist umgekommen und blieb auf den Äckern zurück.

Die Aufzeichnungen aus einer Pfarrei in Landshut bezeugen die Auswirkungen dieser Hungerjahre:

Im Jahre 1816 entzog Gott der weise Weltregent den Feldern seinen reichlichen Segen; er erschien zur Kornblüte im Reife (Frost) und den Sommer machte er nass und kalt. Da ward denn ein Missjahr für ganz Europa. Russland war ausgenommen, über dieses Land schüttelte er sein volles Maß des Segens aus. Von daher ward allen Nachbarreichen und auch unserm Vaterlande Bayern durch Zufuhr Erleichterung der Not. Der Wucher aber erkünstelte einen seit Menschengedenken ungekannten hohen Preis des Getreides. Gott verkürzte nicht bloß den Segen des Getreides, sondern auch das Gedeihen der grünen Früchte und des Heues, und so ward das Jahr 1817 ein Leidensjahr für die Menschheit.

Das bayrische Schäffel Weizen galt auf manchen Schrannenplätzen 100 Gulden, das Korn 80, Gerste 60, Mischling 40 und Hafer 20 Gulden. Alle Lebensbedürfnisse standen mit den Getreidepreisen verhältnismäßig im hohen Werte. Gott ließ den Abbruch seines Segens alle Stände fühlen, und machte die Herzen der Wucherer offenbar; der Vorhang ihrer Pläne und Gefühllosigkeit rollte sich auf. Die großen Getreidehändler hatten eine Menge Unterhändler, so waren sie immer im Besitze des meisten Getreides, und gaben im Voraus von acht Tagen zu acht Tagen den steigenden Preis des Getreides an, wie man kaufen und verkaufen will. Was kümmerten sie die Tränen ihrer Mitbürger. Das Geld ward nun ihr Gott, wucherische Spekulationen ihr Gottesdienst, und das Elend der leidenden Menschheit das Opfer. Bei diesen leidigen Umtrieben stand sich unter den Bewohnern des platten Landes der große Bauer, der verkaufen konnte, zwar gut, aber der mittelmäßige Landmann war notgedrungen, seine Dienstboten zu entlassen, und musste schon im Frühjahr Speisegetreide nicht selten mit ausgeborgtem Gelde kaufen; Zweirößler mussten sich oft mit Brot, ganz aus schwarzen Pferdelinsen bereitet, begnügen und Familien, die sich sonst ehrlich fortgebracht hatten, mussten öfters die Patengelder ihrer Kinder, die Zugochsen, die Kuh, so manches andere Notbedürfnis des Hauses dazu verwenden, um nur wieder auf ein Monat Brot zu bekommen. Noch misslicher sah es in den Städten aus. Der Reiche durfte freilich keine Not leiden, er konnte alle Nahrungsmittel auf dem Markte um teures Geld haben; aber die mittelmäßigen Bürger fanden oft keine Arbeit und so keinen Verdienst, und mangelte auch dieser nicht, so war er doch nicht hinreichend, um damit das teure Brot zu erschwingen. Da musste denn so manches Hauseinrichtungs- und Kleidungsstück versilbert werden, um die nach Brot schreienden Kinder wieder stillen zu können. Eine Menge Handwerksgesellen wurden arbeitslos, man sah sie auf allen Straßen teils in ihre Heimat, teils in ein fernes Land ziehen. Die Zahl der Armen wuchs von Tag zu Tag immer größer an und Bettler waren außerordentlich viele. Das tägliche Brot ward allenthalben in diesem Jahre aus einer Mischung von Weizen-Korn-Gersten-Mehl sowohl von den Hausmüttern als den Bäckern bereitet; man aß mehr als sonst, ward satt, aber bei allem Essen war man matt und müde. Jene, die anfangs lauter Kornbrot aßen, taumelten wie Rauschige, wurden krank, aber doch bald wieder gesund; und Gott haben wir es zu danken, dass in diesem harten Jahre bei den vielfach veränderten Nahrungsgenüssen gar keine Krankheiten herrschten. Andere Länder, die diesen Getreideboden nicht wie das gesegnete Bayern haben, litten überaus viel; so manche Familie, der es an Speisegetreide, Geld und Kredit gebrach, auch bei ihren armen Mitbürgern nicht um Brot zusprechen konnte, nährte sich von Wurzelkost; ja man las in öffentlichen Blättern, dass hungrige Arme das Fleisch von gefallenem Vieh an sich rafften und verzehrten, und dass so mancher entkräftete Hausarme, der nicht mehr die Hilfe des Mitleids in Anspruch nehmen konnte, als Opfer des Hungers starb.

Da hat endlich Gott das Umhilferufen seiner Menschenkinder erhöret, und ist als unser Brotvater ins Mittel getreten; schüttete 1818 wieder Gedeihen und Segen über die Fluren herab, gab wieder ergiebige Getreidefrücht und Brot, und trocknete mit mitleidsvoller Vatergüte die Tränen von unsern Augen ab. Eine gemeinsame recht herzliche Freude bemächtigte sich der Herzen aller Blutgesinnten beim Unblick der von Gottes Hand behüteten und nun bescherten reifen Kornfrüchte. Um nun das Leiden vom Jahr 1817 und die Freude über den neuen Erntesegen, darauf man schon mit der Drischel auf der Tenne wartete, im Andenken bleibender zu erhalten, ward der so heißersehnte Erntettag der Pfarrei durch eine religiöse Feierlichkeit am 9. Sonntag nach Pfingsten – den 27. Julius – geheiligt durch nachbeschriebenes Erntefest.

Quellen:
Königlich baierische Pfarrei Altheim (Taufbuch) und Johann Pollinger: „Aus Landshut und Umgebung“(1908).

Die Lehr

Franz war nun 15 Jahre alt und es wurde Zeit, dass der Bursche einen anständigen Beruf lernen würde, damit er einmal auf eigenen Beinen stehen könne.

Als die Familie wieder einmal gemeinsam auf dem Weg nach Simbach war, um die Sonntagsmesse zu besuchen, winkte Philipp seinen Sohn Franz zu sich und meinte:

»Lass die Weibsbilder vorausgehn, i hab mit dir was zum besprechn, was deine Zukunft betrifft.«

Franzl konnte sich keinen Reim darauf machen, was sein Vater damit meinte und ließ sich gern von der Mutter überholen, um zu hören, was es mit seiner Zukunft auf sich hätte.

»Hör moi Franzl, du wirst nächste Woch in Arnstorf beim Hinterdobler Lenz eine Maurerlehre anfangen, damit aus dir einmal was Anständiges wird. Der Hinterdobler is zwar ein strenger Meister, da wird es auch ab und zu eins hinter d'Löffl gebn, aber bei keinem andern kannst so viel lernen wie beim Hinterdobler!«

Die Begeisterung hielt sich in Grenzen, doch Franz nickte zustimmend. Er wusste, dass ihm gar nichts anders übrig blieb, als einzuwilligen. Nun sollte also der sogenannte Ernst des Lebens beginnen und er wollte wenigstens noch den ruhigen Sonntag genießen. Schon morgen würde er von der Mutter in aller Frühe geweckt werden und dann täglich den langen Fußweg zur Arbeitsstätte nach Arnstorf antreten müssen. War der Meister wirklich so streng, wie sein Vater ihm angedroht hatte? Wie würden die Arbeitskollegen zu ihm sein? Würde ihm die Arbeit auch gefallen? Diese Gedanken haben ihn wohl für den Rest des Tages begleitet.

Gleich nach dem Abendbrot schickte die Mutter ihren Jungen in seine Kammer hinauf, damit er am nächsten Morgen ausgeschlafen wäre. Unruhig drehte sich Franz von einer Seite auf die andere und konnte lange Zeit keinen Schlaf finden. Als das Haus schon lange still lag und alle schliefen, schlich er sich hinunter in die Speisekammer und nahm aus der Schnapsflasche des Vaters einen großen Schluck. Zurück im Bett betete er einen Vaterunser nach dem anderen, bis er schließlich doch noch einschlief.

Ein lautes Klopfen an der Türe riss ihn unsanft aus dem Schlaf. Nach einer viel zu kurzen Nacht hörte er seine Mutter rufen:

»Aufstehn Bub, jetzt ist's soweit!«

Der Franz glaubte anfangs zu träumen, aber die Realität holte ihn schnell ein, nachdem die Mutter ein zweites Mal nach ihm geschrien hatte. Schnell war er angezogen und nach einem Haferl Milch mit einem Stück Brot machte er sich auf den Weg. Es dämmerte und leichte Nebelschwaden erstreckten sich wie eine Wolkendecke über die saftigen Wiesen und Felder an diesem kalten Morgen.

Nach einer knappen Stunde erreichte er endlich, wie vom Vater beschrieben, das Baugeschäft. Der Meister hatte ihn schon erwartet und noch bevor Franz ein Wort sagen konnte, bekam er gleich eine Watschn runtergehauen, dass ihm das Wasser in den Augen stand.

»Dös ist fürs zu spät Kommen, und weil du net Guten Morgen gsagt hast«, schnauzte er ihn an.

Die Vorstellung hatte der Lehrling also hinter sich gebracht. Was für eine Begrüßung! So hatte er es sich nicht vorgestellt, aber nun wusste er auch das Sprichwort zu deuten: »Lehrjahre sind keine Herrenjahre!«

»Ja, was stehst denn noch so faul herum? Da geh hinüber zum Sepp – der Platterte da drüben. Mit dem Sepp und dem Michl gehst auf die Baustell. Die zeigen dir schon, was du zu tun hast. Auf geht's, schleich di!«

Der Sepp war der erste Geselle, der Michl war Lehrling im zweiten Lehrjahr und der erklärte ihm schnell, dass er nun der Stift sei und die niedrigen Arbeiten, die ihm angeschafft würden, zu verrichten habe.

Auf der Baustelle waren noch andere Arbeiter, die alle dem Meister unterstellt waren. Der Meister hatte mehrere Lehrlinge, Gesellen und auch Hilfskräfte als Tagelöhner oder Handlanger: Kalklöscher, Mörtelrührer, Sandschaufler, Steineschlepper, Wasserträger und Windeknechte.

Einige der auswärtigen Arbeiter logierten bei ihrem Dienstherrn, wofür ihnen jedoch ein erheblicher Teil des Lohns gekürzt wurde. Franz nahm lieber den langen Fußmarsch in Kauf, als den Meister länger als unbedingt notwendig ertragen zu müssen. Die Lehrzeit dauerte vier Jahre. Von Dezember bis Februar gab es kaum Arbeit und Lohn, in den Monaten März, Oktober und November mäßige Aufträge und Einkommen. Die meiste Arbeit und vollen Lohn gab es von April bis Oktober. Im Sommer begann die Arbeit schon um 5 Uhr morgens und endete abends gegen 18 Uhr. Für den Franz hieß das, um halb 4 Uhr aufzustehen und zwischen 19 und 20 Uhr nach Hause zu kommen.

Auf dem Land wurden zum Mauern von Wohnhäusern und Stallungen teilweise noch Bruchsteine verwendet. Ursprünglich wurde nur das Erdgeschoss, später auch die erste Etage aus Stein gemauert. Die Steine mussten mit einer Holztrage zu sechst über ein Steilgerüst nach oben getragen werden. Zwei Mann trugen vorn, zwei in der Mitte und zwei hinten – es war eine richtige Schinderei. Beim Mörtelanrühren mischte man zu den Steinen meist verwitterten Sandstein, den sogenannten »Flinz«, den man aus Sandgruben holte und durchsiebte. Kalk kaufte der Bauherr in Brocken und löschte ihn in einer Kalkgrube ab. Besonders für die noch nicht ausgewachsenen Lehrlinge war die Arbeit auf dem Bau sehr hart. Obwohl Franz kräftig gebaut war, rann auch ihm der Schweiß in Bächen von der Stirn. Dazu kamen ständige Gängeleien von Meister und Gesellen, die ihn schnell jähzornig werden ließen.

***

Trotz vieler Reibereien brachte er Jahr für Jahr seiner Lehrzeit hinter sich und konnte bald selbständig Arbeiten ausführen. Im Laufe der Zeit sprach der Lehrmeister durchaus auch Lob für die gute Arbeit aus, und der alte Matzeder war zu Recht sehr stolz auf seinen Buben. Jetzt konnte er leichter über die sonstigen Probleme hinwegschauen. Allerdings bemerkte der Alte, dass aus seinem Buben ein Hitzkopf wurde, der schnell zum Zorn neigte und sich gelegentlich in Wirtshausschlägereien Luft machte.

Der Simbacher Gendarmerie-Kommandant war schon mehrfach auf den Hof hinausgestiefelt und hatte gewarnt, der Saufratz müsse sich „zammreißn", oder es werde noch ein schlimmes Ende nehmen. Zu dieser Zeit war Franz noch reumütig und gelobte immer wieder Besserung.

Beim Apfelböck-Bräu

Jeden Sonntag nach der Messe standen sie zusammen. Der Jahrstorfer aus Simbach, der Reichl von Zenzlhub, der Hubauer Schmied und der Hackl von Kerschl.

Verhalten wurde berichtet, was sich zugetragen hatte auf den Höfen der alten Kameraden. Man hätte schon wirtschaften können, wenn nicht die Steuern den kleinen Gewinn der geschundenen Bauern eingefordert hätten. Der König, der in München mit seinem Staatsapparat das Geld für Prunkbauten und Uniformen zum Fenster rauswarf und sich „gwampert fraß“ mit den Gulden aus der Landwirtschaft, machte es schwer.

Noch so stolz konnten sie von guten Milcherträgen berichten und vom Zustand des Hafers auf den kleinen Feldern – wenn einem alles genommen wurde, konnte man kaum überleben.

Die kleine Gruppe löste sich schnell wieder auf und während sich zwei auf den Heimweg machten, führte es den Jahrstorfer und den Reichl den Weg zum Wirtshaus Apfelböck, wo man sich auf einen Humpen Bier an den Stammtisch zusammensetzte.

Gelächter schlug den beiden entgegen, als sie die schwere grüne Eichentür zur Gaststube aufstießen. Hier war es warm. Der Kachelofen war eingeheizt und sorgte für eine wohlige Wärme. Reichl, der als Erster eintrat, sog den angenehmen süßen Duft die Nase hinauf, den die qualmende Tabakspfeife des Wirts verströmte. Der Apfelböck verfolgte gerade ein Kartenspiel und schaute einem Gast interessiert in die Schafkopfkarten.

»Grüß euch, Männer«, brummte der stämmige Bierbrauer zur Tür. Die Lies trug drei steinerne Bierkrüge an den Tisch, den auch die zwei neuen Gäste ansteuerten. Nachdem auch sie mit Gerstensaft versorgt waren, kam das Gespräch schnell auf das einzig wichtige Thema, den Scheunenbrand beim Jahrstorfer. Wie es hergegangen war, wollte der Furtner Jackl wissen, doch der Jahrstorfer war noch wortkarg – wollte nichts preisgeben vom Verlust, und zur Ursache konnte er nichts sagen. Doch als ihm der Wirt die zweite Halbe Bier hinstellte und ihn wieder bedrängte zu berichten, schilderte er den Hergang: Als der Rossknecht in die Stube gestürmt kam, stand der kleine Holzschuppen schon lichterloh im Verderben. Ans Löschen war nicht mehr zu denken! Bloß das Bangen um den Saustall bohrte im Hirn des Bauern.

»Wenn es da weitergeht, ist alles hin!«, hatte er gerufen.

Freilich haben die Knechte Wasser aus dem Simbach geschüttet und vielleicht konnte deshalb ein Übergreifen der Flammen auf den Stall verhindert werden, aber der kleine Schuppen war nicht zu retten. Der Verdacht fiel auf die Buben und die Bäuerin hatte panisch die Namen gerufen. Die waren aber oben beim Großvater in der Austragstube und schienen genauso verdattert und unbeteiligt wie die Alten. Keiner wusste, wie es zu diesem Brand kommen konnte.

»Du musst besser aufpassn, dass kein Falscher zu deine Dirndl zuresteht«, sagte da plötzlich der Winkler Xav, der die Messe sausengelassen und sich gleich in der Schenke eingefunden hatte.

Dem Jahrstorfer schoss das Blut ins Hirn und das Herz pochte spürbar in der Brust. Er stellte ihn zur Rede, was diese spitze Bemerkung bedeuten sollte.

»Jahrstorfer! Geht dir net was ab, seit dem Unglückstag? Mein Knecht, der Sigi, hat zu der selbigen Zeit nämlich eine Beobachtung gmacht.«

Der Winkler wandte sich ab und trank von seinem Humpen.

»Ja was hat er denn gsehn?«, schrie ihn der Jahrstorfer an.

Winkler in ruhigem und provokantem Ton: »Dös kann i dir sagn! Zwei Burschn hat er gsehn, wie sie über d'Brunnleitn davonglaufen sind. Und weißt, was einer tragn hat? – Eine kleine Sau.«

In der Gaststube herrschte plötzlich Totenstille. Alle Augen waren abwechselnd auf die beiden Streithähne gerichtet. Die Männer vom Stammtisch, die Knechte am Nebentisch und auch die Schafkopfer hielten inne und erwarteten die Antwort von Jahrstorfer. Der Regulator tickte neben der Schenke und kein Palavern, kein Husten und kein Schnäuzen unterbrach die Stille. Der Gesichtsausdruck des Bauern verfinsterte sich – er presste seine Lippen zu einem dünnen Strich zusammen und auch die Augen bedrohten den alten Winkler.

»Der Sauhund – da im Wirtshaus lasst er's raus!«, so ging es ihm durch den Kopf.

Fünf Tage war es nun schon her, dass der Holzschuppen gebrannt hatte. Fünf Tage hätte er Zeit gehabt, die Beobachtung zu melden und jetzt brachte er den Ferkelraub auf.

»Und? Wer waren dann die Verbrecher?«, fragte er mit lautem herausfordernden Ton.

»Der Selbige war's, der bei deiner Tochter eingestanden ist. Der Matzeder Franz mit seinem Bruder.«

»Dass i dir net gleich eine lang, du Hanswurst! Um meine Dirndln gibts keine Sauburschn.«

»Geh Jahrstorfer«, drauf der Winkler, »der Matzeder war's, dös ist wie es ist, da kannst net leugnen – der ghört angezeigt.«

»Dös brauchst mir net anschaffen – aber dös eine sag i dir: wenn's so war, dann bring i die Zwei vors Gricht und du musst es bezeugn!«

So hatte er sich also dafür gerächt, der Sauhund, dass der Bauer damals die Jugendliebe zwischen seinem Annerl und diesem Taugenichts jäh unterbunden hatte. Er hatte es gutgeheißen, als die Jahrstorferbuben dem Matzeder Franzl auflauerten und ordentlich zulangten. Dieser feige Verbrecher, der schlich sich auf den Hof und setzte ihnen den roten Hahn aufs Dach. Aber was sollte aus diesem Haus auch Gutes kommen. Lauter Lumpen, die ganze Sippschaft!

Unwohl fühlte er sich, dass er von diesen »Hundskrüppeln« so empfindlich getroffen worden war. Der Jahrstorfer zog am Hemdsknopf. Er hatte das Gefühl, keine Luft mehr zu bekommen. Wie stand er jetzt da vor all den Leuten, dachte er. Ganz Simbach würde sich das Maul zerreißen. Denn da brauchst nicht zu glauben, dass die Saufköpf in der Wirtsstube eine Empörung oder Anteilnahme zeigten. Weit gefehlt! Da war der Winkler, der ihm gern in aller Öffentlichkeit die Neuigkeit unter die Nase rieb; und drüben im Eck, wo die Holzknechte beisammensaßen, hatte er das schadenfrohe Grinsen nicht übersehen. Die Leute waren schlecht und sahen es gern, wenn ein unbescholtener Mann, der es zu was gebracht hatte, einen Schaden erleiden musste. So waren die Simbacher! Einer war dem andern neidisch und Feind, weil man es keinem vergönnen konnte, wenn er ein paar Gulden ehrlich verdiente.

Ohne ein weiteres Wort zählte der Bauer seine Kreuzer aus dem Hosensack und warf sie auf den Tisch. Kein klares Denken war mehr, nur Zorn, und mit finsterem Blick verließ er die Wirtschaft. Auch der Toni, der Rossknecht am Jahrstorferhof, hatte seinen Krug Scheps schnell ausgetrunken und stand eine Minute später neben dem Bauern, der in Gedanken versunken an der Marktstraße verweilte.

»Dös wird der mir büßn!«, waren seine Worte zum wortkargen Toni an seiner Seite.

»Morgn geh i zum Gendarm.«

Ausfall

Wieder einmal verbrachte Franz den Sonntag, seinen einzigen freien Tag der Woche, nicht nur mit der Heiligen Messe, sondern bis tief in die Nacht mit Bekannten im Wirtshaus bei Bier und Kartenspiel. Zu später Stunde wankte er dann mit seinem Nachbarn, dem jungen Lindhuberbauern, Arm in Arm den Weg heim nach Matzöd. Polternd und fluchend zog er sich die schmale Treppe hinauf in seine Kammer und fiel, ohne sich auszuziehen, wie ein Stein auf die staubige Strohmatratze. Als ihn die Mutter am nächsten Morgen recht unsanft an der Schulter packte und kräftig durchschüttelte, kam er endlich zu sich.

»Geh weiter jetzt, steh auf! Es ist eh schon viere und in einer Stund fängt d'Arbeit an!«

Franz, dem der Schädel brummte, wehrte frech ab.

»Leck mich am Arsch, ich geh heut später!«, schnauzte er und drehte sich zur Seite.

Erst als nach einer halben Stunde der alte Matzeder schimpfend die Kammer betrat, stieg Franz aus der knarrenden Bettstatt und schleppte sich auf schweren Beinen nach unten, wo die Mutter ein Haferl Milch und einen Scherz Brot zurechtgemacht hatte. Schneller als sonst, den aufgebrachten Alten im Rücken, schlüpfte er in sein Arbeitsgewand und trat in die frische Morgenluft hinaus. So schlecht war es ihm schon lange nicht mehr ergangen. Gezeichnet von der Sauferei und mit übelster Laune torkelte er eilends auf den Feldweg Richtung Arnstorf, der aufgehenden Sonne entgegen. Seine Verspätung konnte er nicht mehr aufholen, das war ihm schon klar geworden und nach einiger Zeit verlangsamte sich sein Schritt wieder. Es war »eh schon wurscht«. Mit einer kräftigen Watschn musste er auf alle Fälle rechnen, ganz egal, ob er da noch ein paar Minuten herausrennen konnte oder nicht. Endlich im Betrieb angekommen, betrat er zaghaft die Werkstatt, wo allmorgendlich Anweisungen gegeben wurden und das erforderliche Werkzeug hergerichtet wurde. Der Meister sah wohl den schlechten Zustand des Burschen, packte ihn aber gleich bei den Ohren und verlangte mit hochrotem Kopf nach einer Erklärung. Franz hatte sich natürlich eine Ausrede zurechtgelegt und stammelte etwas von verdorbenem Magen und so. Dem Meister allerdings war der Grund für den „haudigen" Zustand sofort klar geworden. Die Alkoholfahne verriet den Zecher auf der Stelle. Was folgte, war nicht nur eine kräftige Ohrfeige wie erwartet, sondern eine richtige Tracht Prügel. Dass er vor allen Arbeitern so gedemütigt wurde, ließ in ihm einen Zorn aufsteigen, wie er ihn noch nie zuvor verspürt hatte, und um ein Haar hätte er gegen seinen Meister zurückgeschlagen.

»Los, du versoffner Taugenichts! Jetzt schau, dass du mit dem Kare auf d'Baustell kommst, und die verlorne Zeit arbeitest mir heut doppelt nach!«

Jetzt tat dem Franz der Kopf noch mehr weh, aber noch schlimmer war sein verletzter Stolz. So eine Schmach, ihn vor der ganzen Mannschaft zu verdreschen wie einen kleinen Buben. Mürrisch packte er seine Werkzeugkiste und machte sich mit dem genannten Gesellen auf den Weg. Ohne ein Wort gingen die zwei eine Weile nebeneinander her. Doch plötzlich glaubte der Geselle wohl, er müsse der Schelte des Meisters noch eins draufsetzen. Er ging einen Schritt hinter dem jungen Burschen und stieß Franz unvermittelt heftig in den Rücken und fauchte, er solle seinen faulen Arsch gefälligst schneller bewegen. Er nannte den Lehrling einen versoffenen Hosenscheißer.

Franz rastete völlig aus. Wie ein Besessener stürzte er sich auf den Gesellen und schlug, jede Kontrolle verloren, brutal mit Fäusten und schließlich sogar mit der Maurerkelle auf den überraschten Kollegen so lange ein, bis er sich nicht mehr bewegte.

Als er sich seiner Tat bewusst wurde, floh er, ohne sich um den Schwerverletzten zu kümmern. Ein Bauer fand den Gesellen kurze

Zeit später und brachte ihn auf einem Karren zum Baugeschäft zurück.

Franz Matzeder war vorerst nicht aufzufinden, weder auf der Baustelle noch zu Hause. Mehrere Gendarmen aus Arnstorf suchten den Burschen schließlich auf den Nachbarhöfen um Matzöd, und konnten ihn noch am selben Abend im Heustadel des Lindhuber-Anwesens verhaften.

Der schwerverletzte Maurer kam mit seinem Leben davon, musste aber mehrere Wochen in der Sanitätsanstalt Arnstorf gesund gepflegt werden.

Der Täter wurde ins Gefängnis nach Eggenfelden gebracht und schließlich vom Landgericht zu fünf Jahren Strafarbeitshaus verurteilt. Man überführte ihn nach München Au/Neudeck, wo er seine erste Zuchthausstrafe abbüßen musste.

Strafarbeitshaus

Gleich nach dem Eintreffen des Wagens auf dem riesigen Zuchthauskomplex wurde Franz Matzeder, von zwei Wachmännern und einem Angestellten der Anstalt begleitet, in einen weiß gekachelten Waschsaal geführt.

»So Bursche, jetzt ziehst dich da drüben einmal aus. Es folgt eine Desinfektion, damit wir uns net die Läus und Flöh einschleppen«, so lautete die unfreundliche Begrüßung.

Franz zögerte ein wenig, widersprach aber nicht. Ihm war klar, dass Widerstand sicher nicht dienlich war. Er wollte sich nicht schon von vornherein in Schwierigkeiten bringen.

Das Zuchthaus München-Au (Neudeck), in dem Matzeder einsaß. Am 1. Juli 1901 wurde es nach Straubing verlegt. Beim linken Bildrand sieht man die Gebäude des ehemaligen Jagdschlosses. (Foto: Archiv Freunde der Vorstadt Au)

Etwas schüchtern fragte er: »Was alles?«

»Ausziehn heißt bei uns ausziehn – dös geht ja schon gut los mit dir! Dein Glump brauchst da herinnen net. Kriegst eh alles neu.«

»Ja, Herr«, stammelte Franz kleinlaut.

Nachdem er sich einer Behandlung mit einer scharf riechenden bräunlichen Flüssigkeit und einem weißen Pulver unterzogen hatte, wurde er nach wenigen Minuten notdürftig unter einer kalten Dusche von den Chemikalien wieder befreit. In ein raues Tuch gehüllt musste er nun auf einem Hocker Platz nehmen und der Bader schor ihm die Haare. Das Herz pochte ihm laut, als er in den groben Fingern des strengen Angestellten zuerst Schere, dann das Rasiermesser spürte. In schwarzen Büscheln lagen die nassen Strähnen um seine Füße.

»Herrgott, was wird nur aus mir? Steh mir halt wieder bei!«, ging es ihm durch den Kopf.

Gleich ging es weiter. Das einzige Tuch, mit dem er bekleidet war, wurde ihm wieder weggerissen und nun sollte er in den Waschzuber steigen.

»Da schau her – nimm die Seife!«

»Einreibn!«

»Abwaschn!«

»Kopf untertauchn!«

»Raus aus der Wann!«

»Abtrocknen!«

Mit soldatischem Drill kommandierte der Mann den jungen Burschen, dem nicht nur das Badewasser in den Augen stand. Franz sprang aus dem Zuber und rutschte auf dem nassen Steinboden aus.

»Depp!«

Zu den Wachmännern gerichtet, der nächste Befehl: »Fertig? Dann bringts ihn jetzt ins Magazin zum neu Eingewanden!«

Als sie den großen Flur betraten, spürte Franz den kalten Luftzug um seinen kahlen Schädel.

Im Gwandtmagazin bekam er die schwarz-grau gestreifte Züchtlingskleidung. Hemd und Jacke mit aufgenähter Häftlingsnummer. Hosen, Unterwäsche und ein paar Holzschuhe und – Ketten. Ketten an seine Knöchel, die ihm nur noch kleine Schritte erlaubten.

In der Kanzleistube des Herrn Adjunkten wurden noch einmal Personalien in einem Buch erfasst, Eintritts- und Entlassungstag notiert, dann folgte eine lange Belehrung und das Verlesen der „Vorschriften über das Verhalten der Züchtlinge".

... Paragraph 4:

Da der Müßiggang größtenteils die Hauptursache und der Anfang aller Laster, und gewiss bei den meisten der Züchtlinge die Veranlassung zu ihren später begangenen Verbrechen war, so ist Arbeitsamkeit eine ihrer ersten Pflichten, und das zweckmäßigste Mittel, sie an Ordnung, Fleiß und Beschäftigung zu gewöhnen, wodurch sie sich nach der Zeit ihrer Entlassung ihr Brot wieder auf rechtlichem Wege erwerben können.

Sie haben daher in den weiter unten bezeichneten Arbeitsstunden sich der größtmöglichen Arbeitsamkeit zu befleißen, wozu sie auch im Erforderungsfalle mit der größten Strenge werden angehalten werden ...

... Paragraph 7:

Während dem Aufenthalte im Strafhause ist folgende Tagesordnung vorgeschrieben:

Früh um 5 Uhr werden die Sträflinge aufgeweckt, sie stehen auf, betten ihr Bette, öffnen die Fenster, wo sogleich mit Wacholder-Rauch die Luft gereinigt wird, dann werden sie in die für sie bestimmte Abteilung des Hofes geführt, wo sie sich unter Aufsicht der Wache bei dem dort befindlichen Brunnen zu waschen haben.

Um Viertel vor 6 verrichten sie mitsammen laut ihr Morgengebet und gehen dann mitsammen zur Arbeit. Diese pausiert um 8 Uhr für eine Stunde. In dieser Zeit kann das verteilte Brot eingenommen werden. Um 11 Uhr Mittag gehen sie wieder in ihre Schlafkammern, be-

ten alldort gemeinschaftlich und laut ihr Tischgebet, holen sich dann ihr Essen und haben Ruhestund bis 12.30 Uhr. Ersparen sie einige Zeit, so können sie selbe im Hofe in der freien Luft zur nötigen Leibesbewegung benutzen. Nach Mittag wird die Arbeit bis 18 Uhr weitergeführt. Zu dieser Stund wird gemeinschaftlich in allen Betriebshallen das Rosenkranzgebet gesprochen. Die Arbeit endet um 20 Uhr, im Winter jedoch um 18 Uhr. Nach verrichtetem Abendgebet legen sie sich um 21 Uhr schlafen, im Winter jedoch um 20 Uhr. Wenn sie sich schlafen gelegt haben, werden sie visitiert und die Schlafkammern versperrt. Am Sonnabend wird nur bis Mittag gearbeitet, nachmittags werden die Arbeitsstuben ausgeputzt, Wolle und Tuch zusammengerichtet. Es folgt die Austeilung frischer Wäsche.

Am Sonn- oder gebotenen Feiertage werden die Züchtlinge um 6 Uhr aufgeweckt, beten um Viertel vor 7 Uhr das Morgengebet, um 8 Uhr ist in der Hauskirche die Heilige Messe, nebst einer geistlichen Anrede. Nach der Messe bekommen sie das gewöhnliche eineinhalb Pfund Brot. Um 9 fängt die Sonntagsschule für die männlichen Sträflinge an, deren Besuch jedem freisteht, wo sie im Lesen, Schreiben und Rechnen unterrichtet werden. Von 10 bis 11 Uhr aber müssen sie im Hofe Bewegung machen …

Der Herr Adjunkt las mit eindringlicher, hoher Stimme seine lange Litanei von Ordnungen. Franz strengte sich an, den Anweisungen zu folgen und alle zu verstehen, nicht mit den Gedanken abzuschweifen, doch es wollte kein Ende nehmen. Als das Buch zugeklappt wurde, brummte ihm der Schädel und er hatte das Gefühl, von alledem nichts behalten zu können.

Die Strafen für Zuwiderhandlung, die am Ende aufgeführt wurden, hallten ihm jedoch noch in den Ohren. Sie reichten von Verwarnung und Hofaufenthaltsverbot über Essensentzug bis zu Züchtigung mit Stockstreichen und Einzelkerkerhaft.

***

Die Gefangenen waren in mehreren vierstöckigen Gebäuden untergebracht. An langen Mittelgängen reihten sich zu beiden Seiten bis zu 15 dunkle Zellentüren. Franz wurde in eine dieser kleinen Kammern gestoßen und hinter ihm krachte schweres Holz in den Türstock. Er hörte, wie draußen die Schlüssel am Ring rasselten und der Eisenriegel sperrte. Dann vernahm er noch Schritte, die sich entfernten, und es wurde still. In seiner Zelle stand jeweils ein Bett an der linken und rechten Längsseite. Linkerhand lag schmutzige Bettwäsche auf der Pritsche, also setzte er sich auf die andere Seite. Vom Boden bis auf ungefähr eineinhalb Meter Höhe waren die Wände mausgrau gestrichen, oberhalb weiß getüncht. Durch ein kleines vergittertes Fenster drang ein Lichtkegel, in dem Staubteilchen tanzten. Darunter ein kurzes Tischbrett. In einer Ecke stand ein Eimer, der für die Notdurft während der Schließzeiten diente.

Franz strich sich über seine Glatze und fühlte zum ersten Mal die Konturen seines Schädels. Am Hinterkopf stellte er eine kleine Erhebung fest. Er roch den Seifengeruch an seinem Hemd, las die Nummer auf dem Stoffschild, das auf die Jacke genäht war.

0823.

Mit nur 19 Jahren steckte er nun im Zuchthaus und zitterte vor Angst, was ihn hier erwarten würde.

***

Das von 1660 bis 1675 erbaute Kloster mit einer Wirtschaft an der Ohlmüllerstraße bildete damals den Mittelpunkt des Stadtteils München Au. Das lag zum einen an der Braukunst der Paulanermönche, die Kurfürst Maximilian I. zur Erhaltung des katholischen Glaubens hierher geholt hatte, zum anderen galt die Gegend bereits früh als sozialer Brennpunkt. So suchten viele Ärmere die Mönche auf, um seelsorgerischen Beistand und Hilfe zu bekommen. Mit ihrem umfangreichen medizinischen Wissen und einem eigenen Heilkräuteranbau waren die Klosterbrüder gut gerüstet, die Kranken zu pflegen. Auch gaben sie den Armen regelmäßig zu essen. Sie kümmerten sich um die Bildung bedürftiger und verwaister Kinder bereits zu einer Zeit, als es in Bayern noch keine Schulpflicht gab. Während der Säkularisation um 1800 wurde das Kloster aufgelöst und das Gebäude ging an den Staat. Die leerstehenden Räume dienten zunächst als Kriegslazarett, dann als Kavalleriekaserne. Ab 1807 wurden auf dem Gelände erstmalig »Züchtlinge« gefangen gehalten, darunter auch Kettensträflinge, die mit Eisenkugeln an den Fußgelenken schwere Arbeiten verrichten mussten. Das Strafarbeitshaus wurde durch Anbauten links vom Auer Mühlbach erweitert. Dieser Teil stand also in etwa auf dem Terrain der heutigen Justizvollzugsanstalt, die als Frauengefängnis dient.

***

Matzeder lebte sich schnell ein. Er war von kräftigem Körperbau und konnte den Anforderungen der Anstalt hinsichtlich Arbeitsleistung gerecht werden.

In der ersten Zeit arbeitete er in verschiedenen Abteilungen der Tuchmanufaktur, meist in der Färberei. Große, nasse Stoffbündel zu hantieren, erforderte kräftige Männerarme. Später wurde er bei den verschiedenen Baumaßnahmen des Arbeitshauses eingesetzt und konnte seine als Maurer erlernten Fähigkeiten gebrauchen.

Nur durch ihren hundertprozentigen Arbeitseinsatz konnten sich die Züchtlinge ihre tägliche warme Suppe verdienen. Wer nicht arbeitete, bekam nichts außer Wasser und Brot – und Stockhieben!

Nach kurzer Zeit hatte sich Züchtling 0823 mit diesem Los abgefunden, und die arbeitsamen Jahre vergingen, ohne dass er nennenswerte Probleme gemacht hätte.

Im letzten Jahr vor seiner Entlassung bekam er unverhofft einen Brief zugestellt. Über Jahre hatte er nur zu Weihnachten und zu seinem Namenstag ein paar Zeilen von seiner Familie zugestellt bekommen, deshalb verhieß der Umschlag, ohne erkennbaren Anlass, nichts Gutes.
Sein Vater war verstorben, und zum ersten Mal in seinem Leben empfand er das Gefühl von Mitleid und Trauer. Sein Vater, auch wenn er manchmal sehr streng war, hatte ihm so vieles beigebracht. Den Ochsen führen, Pfeiferl schnitzen, die Pfade der Rehe ausmachen und dort eine Schlinge legen, Enten abdrehen und Hasen abziehen, Strohschuhe flechten und einen Wein ansetzen. Er war ein gerechter Mann gewesen.

Eggenfelden, Judengasse

Auf der schmalen Pritsche döste ein junger Bursche. Als der Eisenriegel seiner Zellentür gegen den hölzernen Anschlag knallte, erschrak er und riss die Augen auf. Neugierig hob er den Kopf etwas an. Mit dem Handrücken wischte er sich über das fliehende Kinn, dabei fühlte er die verkrustete Wunde unter seiner wulstigen Lippe. Ein Gendarm hatte ihm bei dem Gerangel ein paar Kräftige aufs Maul gegeben – seitdem durfte er sich bei freier Logis im Eggenfeldener Gefängnis erholen.

Jede Zelle war für zwei Insassen eingerichtet. Das heißt, es gab zwei Betten, sonst nichts. Auf einfachen Holzpritschen lagen dünne Strohmatratzen und darauf jeweils eine raue Decke als Oberbett. Der Boden war mit großen Steinplatten ausgelegt – ein kalter Unterbau. Die Wände waren mit grauer Farbe getüncht. Kein Tisch, kein Stuhl. Ein vergittertes Fenster gab Tageslicht. Die Gefangenen, die in dem schmalen Haus in der Judengasse in Eggenfelden vorübergehend in Untersuchungsarrest ausharrten, schliefen, aßen, lebten auf dem Bett.

Obwohl er erst ein paar Tage einsaß, hungerte ihn nach einer Ansprache. Der Eisenmeister und sein Gehilfe hatten kein Wort für ihn übrig, aber das konnte sich nun mit einem Zellengenossen ändern.

Ein seltsamer Bursche war ihm da hereingestoßen worden. Ein richtiger Bauernprackl – klein, breit, schwarzhaarig, mit einer Hakennase und einem unheimlichen, bösen Blick. Um die dreißig Jahre alt. Der musterte den jüngeren, von dem nur der Kopf unter der Decke hervorschaute. Er wandte sich ab, lehnte sich mit dem Ohr an die Tür und lauschte, dann legte er seine Hand an das Holz, drückte und wackelte, um das Spiel im Schloss zu prüfen. Rundherum inspizierten seine Augen den Türrahmen auf Unregelmäßigkeiten, dann drehte er sich um, ging auf die andere Seite des etwa vier Meter langen Raums und blickte eine Weile hinauf zum Fenster. Außer einem Stück grauen Himmels war nichts zu erkennen.

»I bin der Franz«, stellte sich der Junge unter der Decke vor.

»Matzeder«, brummte der Mann am Fenster leise.

»Was?«

»Matzeder heiß i, hörst du schlecht?«

»Der Matzeder bist du? Habe die Ehr! Von dir hab i schon ghört.«

Matzeder drehte den Kopf und blickte grinsend hinab auf die Pritsche.

»Nur Gutes, nimm i an, oder?«

Der andere zog eine Grimasse und verdrehte den Kopf, dann meinte er: »Dös ist allerweil Ansichtssach!«

»Wo kommst denn du her?«

»I heiß Reiter Franze und bin in Pirköd daheim. Das ist bei Massing drüben.«

»So ein jungs Bürscherl und schon in schlechter Gesellschaft unter den Gendarmen. Mögens dich daheim net, hä?«

»Daheim ist es zum Verhungern, und die Geldigen, die Sach gnug haben, gebens ungern her. Weißt, was i mein? Dabei wärn die doch zur christlichen Nächstenlieb, zum Teilen verpflichtet.«

»Was hast denn dann angstellt?«, interessierte sich Matzeder.

Reiter zögerte. Er hatte bisher alles geleugnet, was man ihm vorwarf. Sollte er nun leichtfertig einem Fremden sein Vergehen eingestehen? Wer weiß, wann es ihm zum Nachteil gereichen könnte, schließlich kannte er Matzeder nicht. Ob der nun absichtlich, unter Nötigung oder unbedacht sein Geheimnis preisgäbe, das wäre einerlei. Solang es keine Zeugen gab, konnte nichts passieren.

»Nix hab i angstellt. Gar nix. Und darum müssens mich auch wieder auslassn. I war's net.«

»Ach so, dich habn's zu meiner Unterhaltung hier reingsteckt. Aff', blöder! Da hört sich doch alles auf. Meinst du vielleicht, i verpfeif dich? Mir ist es doch wurscht, ob du ins Arbeitshaus kommst oder als freier Mann da herausspazieren wirst!«

Matzeder ärgerte sich darüber, dass der Kerl nicht damit herausrückte. Es konnte ihm zwar egal sein, aber unter seinesgleichen sollte es keine Geheimnisse geben. Er würdigte sein Gegenüber keines Blickes mehr, setzte sich auf die Bettkante und öffnete die Schnürsenkel. Er streifte seine Schuhe ab und schob sie mit dem Fuß unter die Pritsche. Dann hängte er seinen Janker an den Haken an der Wand und legte sich hin. Die graue Decke stank nach Schweiß und Moder.

»Wah.« Er verzog das Gesicht, seufzte und starrte zur Decke.

Nach einer Weile war Reiter eingeschlafen und nervte mit gleichmäßigem Schnarchen.

Als er wieder zu sich kam, war es noch dunkel. Ein mattes Grauen kündigte den neuen Tag an und Amseln sangen lauthals ihre Morgenlieder. Wieder erschrak er so sehr, dass er beinahe aus dem Bett gefallen wäre. Vor ihm stand in der Finsternis eine schwarze Gestalt. Es dauerte einen Moment, bis er sich besonnen hatte und darin seinen Zellenkameraden erkannte. Matzeder stand zwischen den Pritschen und blickte hinauf auf das Stückchen Himmel. Die Schreckhaftigkeit Reiters blieb dem anderen nicht verborgen und er musste leise lachen.

»Ja bist du ein Loam-Arsch!«

»Mein Gott, hab i mich jetzt erschreckt«, antwortete Reiter laut schnaufend.

»Dös seh i. Du fürchtest dich wohl noch vor deinem eigenen Schatten.«

»Schmarre, da tätst du auch schauen, wenn in der Finstern plötzlich eine Gstalt vor dir stehen würd. Warum bist denn überhaupt schon auf?«

»Weil kein Deifl schlafen kann bei deiner Schnarcherei!«

»Schmarre.«

»Könnt dir schon passiern, dass i dir einmal die Gurgel abdrück, für deine grausliche Gaudi. Hungern tut mich. Wann gibts denn was zum Essn?«

»Ha, hungern tut dich, mitten in der Nacht! Musst schon noch ein paar Stundn aushalten, bis es eine dünne Millisuppn gibt.«

Beide Männer hatten Glück und mussten nur für kurze Zeit einsitzen.

Im Fall um Franz Reiter war die Beweislage einfach nicht ausreichend, um ihn wegen Einbruchs vor Gericht zu bringen. Obwohl die Gendarmen wohl nicht den Verkehrten in Untersuchungsarrest genommen hatten, gab es keine Zeugen, die Reiter hätten belasten können, und bei den Hausdurchsuchungen wurde das so sicher vermutete Diebesgut nicht gefunden. Neben Bargeld, einer Taschenuhr aus Silber und Broschen war ein Feiertagsjanker gestohlen worden. Der Geschädigte zeigte an, er hätte den Herumtreiber Reiter eben dieses, sein Gewand, tragen sehen, doch bei der Überprüfung fand sich im Kasten des Verdächtigen nichts als seine alten gestopften Joppen. Kein feiner Lodenjanker, kein steifer Filzhut und keine Spur von den Silbersachen. Sie mussten ihn wieder auslassen.

Matzeder war bei einer Rauferei in Eggenfelden aufgegriffen worden. Dabei war er gar nicht wirklich beteiligt gewesen. Bei einem Kartenspiel hatten sich die Gemüter dermaßen entzündet, dass es zu einer Keilerei kam, die auch der Wirt mit Schimpfen und Drohen nicht mehr abwenden konnte. Plötzlich waren der Hausherr selbst und weitere Burschen in den Streit verwickelt. Bierkrüge flogen, und die Männer rauften in mehreren Grüppchen.

Matzeder sah der Szenerie belustigt zu, ohne selbst mitzumischen. Er hatte weder den Grund der Auseinandersetzung mitbekommen noch wusste er, welche Parteien da aufeinander losgingen. Plötzlich stand jedoch ein betrunkener Handwerksknecht an seinem Tisch und provozierte ihn und die zwei anderen Männer. Sie wären wohl nicht von hier und sollten nicht so blöde glotzen, sondern lieber schauen, dass sie weiterkämen, wenn gestandene Leut eine Meinungsverschiedenheit zu klären hätten.

In der Zwischenzeit war der Hausknecht in die Stadt gelaufen, um Hilfe zu holen. Als Gendarmen in die Gaststube stürmten, schlug Matzeder gerade dem herausfordernden Streithansl seinen Humpen ins Gesicht.

Matzeder und Reiter wurden zur selben Zeit aus ihrer kurzen Haft entlassen. Inzwischen waren sie nicht nur Arrestkameraden, sondern sie hatten sich doch noch angefreundet. Als sich die Haustür hinter ihnen schloss, schritten die beiden Gauner mit der Gewissheit die kurze Gasse zum Stadtplatz hinunter, dass sie als Erstes ein paar Halbe Bier zusammen saufen wollten. Nach wenigen Schritten blieben sie selbstbewusst vor dem Landgerichtsgebäude stehen. Von den wenigen Habseligkeiten, die Reiter bei der Einlieferung abgenommen worden waren und nun wieder seine Hosentaschen stopften, zog Reiter eine schöne geschnitzte Schnupftabakdose heraus und bot seinem neuen Freund eine Prise an. Sie grinsten, schnupften den scharfen Schmalzler und freuten sich über die zurückgewonnene Freiheit. Für einen Moment waren in der kurzen, mit Flusssteinen aus dem Inn gepflasterten Gasse keine anderen Leute zu sehen. Reiter trat übermütig an das Gerichtsgebäude heran und urinierte lachend an die Hausmauer.

Am Siebmacher-Haus, das mit seinem eigenwilligen Stufengiebel die Ostseite des unteren Stadtplatzes abschloss, beobachteten sie das rege Treiben der Kleinstadt.

Besonders geschäftig ging es vor dem Posthalter zu. Mehrere Kutschen standen auf dem Vorplatz und geschäftig wurden Pakete und Säcke verladen.

»Was meinst, trinkn wir beim Postler unser Bier?«, fragte Matzeder.

»Freilich, da rührt sich was. Aber nein, bist du schon einmal nach Gern rauskommen? Zum Oberwirt?«

»Nein, dös kenn i net.«

»Matzeder, da gehn wir hin. Wirst sehn, dass du auf der Stell dortbleiben willst und gar nimmer heim magst nach Simbach! Da gibt's eine trumm Brauerei und der Oberwirt ist dös größte Wirtshaus weit und breit.«

Die alte Hofwirtschaft der ehemaligen Schlossbrauerei Gern wartet noch auf ihre Sanierung. (Foto: Fred Haller)

Reiter hatte nicht zu viel versprochen. Nach zwanzig Minuten hatten sie zu Fuß die Hofmark Gern erreicht. Was für ein herrschaftlicher Flecken. Die großen Gebäude beeindruckten Matzeder und er wollte auch einen Blick auf die Brauerei werfen. Sie bestand aus mehreren Kästen mit roten Ziegelfassaden. Aus dem gewaltigen Kamin der Brauerei zog eine weiße Wolke ostwärts. Der typische süßliche Geruch des kochenden Biersuds lag in der Luft.

»Was meinst, Franz, ob die uns als Brauknecht brauchen könnten? Gäb doch nix Schöners, als dös eigene Bier zu brauen.«

»Du hast vielleicht ein Gspinnst. Die habn sicher ihre Leut beieinander. Außerdem ist es dann vorbei mit dem leichten Leben. Aber recht hast schon, man könnt es ausprobieren.«

»Fragn kost nix! Schau hin, dös könnt eh schon der Meister sein.«

Matzeder deutete auf einen stämmigen Mann mit gezwirbeltem Schnurrbart, der eine zweireihige Joppe trug und einem jungen Burschen Anweisungen gab. Kurz entschlossen sprach er den Mann an und fragte nach einer Anstellung.

»Ihr Zwei würdets mir schon gfallen! Kräftige junge Burschen kann ich in der Mälzerei brauchen. Es ist halt eine schwere Arbeit, aber für euch könnt dös grad das Richtige sein. Mögts es euch anschaun?«

Das ließen sie sich nicht zweimal sagen und folgten dem dicken Mann gern. Er führte sie in ein Nebengebäude, in dem ihnen angenehme Wärme entgegenschlug. Steil hinauf führte eine schmale Holzstiege mit knarrenden Trittbrettern, auf der sich Männer nicht entgegengehen konnten. Auf der Darre angelangt, war es recht heiß, sodass sie gleich ihre Jacken ausziehen mussten. Von Öfen im Erdgeschoss führten viele rostig braune Rohre heiße Luft nach oben. Diese ragten dann im Obergeschoss etwa einen halben Meter aus dem Boden und waren alle mit Spitzhauben bedacht, damit die Gerstenkörner nicht hineinfallen konnten. Die Gerste wurde nach dem Einweichen in Wasser hier ausgebreitet und begann im feuchtwarmen Klima zu keimen. Dann erst wurde der niedrige Raum auf ungefähr einhundert Grad aufgeheizt und das sogenannte Grünmalz unter regelmäßigem Wenden gedörrt. Das war eine schweißtreibende Schauflerei.

»Also frieren müssts hier in der ‚Sau' gwiss net! Ja so heißt das. Die Darre nennt man die Sau und da hat's nun mal eine Sauhitzn«, meinte der Meister.

»Und wenn's um eine Abkühlung geht, dann seids beim Eisschneiden gut aufghobn. Dös is da drüben das Haus neben der Rott. Zu jedem Fassl Bier, das wir ausliefern, ghört immer auch ein Sack Eis zum Einlagern. Drei Maß Bier kriegts jeden Tag umsonst, über den Lohn und alles andere müssten wir noch reden.«

Sie wollten es versuchen und am Nachmittag nochmal vorbeischauen, um alles auszumachen. Zuerst zog es sie aber endlich zum Oberwirt hinauf.

»Wir müssen das Bier schließlich zuerst einmal probieren, bevor wir die Arbeit annehmen. Net, dass wir die drei Maß Bier gar nicht dersaufen können vor lauter Grausen«, witzelte Reiter.
»Komisch, die Sorge hab i grad überhaupt net.«

Der Obere Wirt war ein rund 50 Meter langes Gebäude direkt an der Hauptstraße. Über dem dunkelgrün gestrichenen, zweiflügligen Portal stand in einem großen Schriftsatz geschrieben: Hofwirtschaft und Metzgerei der Schlossbrauerei Gern. Von der Nordseite aus betrat man einen breiten Hausgang. Rechts war die Metzgerei untergebracht. Gerade durch trat man hinaus auf die Obst- und Gemüsegärten der Anlage. Links führten dunkle Türen in die Küche und gleich vorne weg ins Gastzimmer.
Mehrere Tische waren besetzt, es wurde Karten gespielt und Pfeife geraucht. Matzeder und Reiter setzten sich an einen kleineren Tisch am Fenster und genossen die Rast. Eine selten große Stube war das. Dunkle Balken stützten die weißgetünchte Decke. Die Fensternischen zeigten gewaltig dicke Mauern. Eine Kellnerin brachte zwei Maß Bier und die beiden durstigen Freunde befanden es für gut. Man könne gut drei Maß am Tag davon trinken. »Saufn wir noch eine?«
»Allerweil, Franze. Da schau noch grad rüber auf den Tisch. Die lassen sich die Selchwürst schmecken. I glaub, dös mag i auch habn«, meinte Matzeder.
»I hab fast kein Geld mehr. Mir leidet's nur noch einen Wecken Brot.«
»I lad dich ein. Heut lassn wir es uns gut gehen!«
Als sie nach bald zwei Stunden Selchwürste mit Sauerkraut verdrückt und eine dritte Maß Bier vor sich stehen hatten, waren sie nicht nur mit anderen Gästen, sondern auch mit der Kellnerin ein wenig ins Gespräch gekommen und hatten sich als die neuen Brauereiknechte vorgestellt. Sie würden ja jetzt öfter hier hereinkommen und brauchten ein wenig Ansprach. Schließlich setzten sie sich zur Gesellschaft an den großen Tisch am Kachelofen. Ob sie denn in der Brauerei wohnen würden, weil sie doch von auswärts kämen, fragte ein älterer Herr,

dem der Pfeifenrauch seinen weißen Bart um die Lippen gelb gefärbt hatte. Zur Not hätte er ein Zimmer zu vermieten, meinte er.

»Siehst es, Franz, was wir heut für ein Glück haben? Eine Arbeit ist gfunden, eine gemütliche Wirtsstubn und ein Bett zum Schlafen. Was braucht der Mensch mehr?«

»Des einzige, was mich jetzt noch druckt, dös ist meine Blasn. I muss einmal kurz hinaus.«

»Ja, i geh gleich mit.«

Sie gingen hinaus auf den Abtritt.

»Weißt was, Matzeder? Ich glaub, wir dürfen jetzt nix mehr trinken, sondern müssen zahlen und beim Braumeister vorsprechen. Wenn wir rauschig daherkommen, dann haut er uns gleich wieder zum Deifl, bevor wir überhaupt angfangen haben.«

»Ja, wir müssen weg. Gehen wir gleich da hinten durch die Gärtl, dann müssn wir nicht mehr zurück ins Haus.«

»Spinnst du? Wir müssen doch zahln!«

»Meinst du, ich habs Geld für drei Maß Bier und ein Haufen Selchwürst?«

»Du hast doch gsagt, dass du mich einlädst?«

Matzeder grinste. »Da hast recht, und jetzt lad i dich ein, dass wir uns möglichst schnell davonmachen, sonst könnt's unangenehm werdn.«

Schon hatte er sich umgedreht und machte sich mit schnellem Schritt auf den schmalen Weg, der zwischen den Beeten bis ans Ende des Hofes und dann in die Hauptstraße einbog. Eine Hausmagd, die zwischen den Gemüsepflanzen das Unkraut harkte, hatte in den fliehenden Männern wohl einen Verdacht geschöpft und rief die beiden an: »He! Halt! Was seids ihr für Zwei? Was treibts ihr da herausn?«

»Halt's Maul, sonst fängst eine!«, fauchte Reiter und beeilte sich, um zu seinem Freund aufzuschließen.

»Bleibts stehn! Hilfe!«, kreischte die junge Frau, doch die beiden Räuber beachteten sie nicht mehr.

Der Reiter Franz

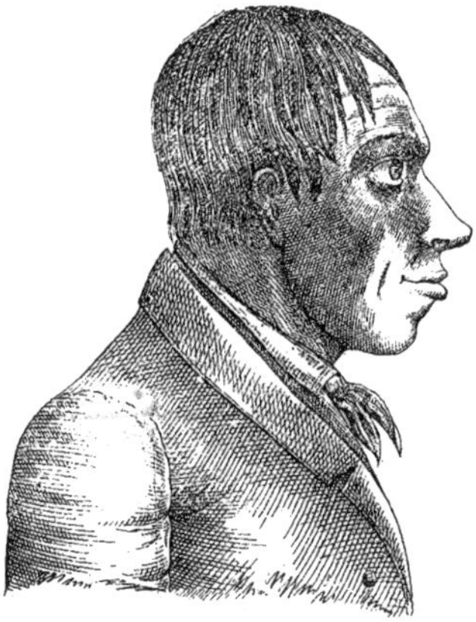

Franz Reiter aus Birköd wuchs in einer Familie mit 13 Kindern in sehr ärmlichen Verhältnissen auf und musste schon im Kindesalter zu den Bauern, um als Hirtenbub und später als Dienstknecht seinen eigenen Lebensunterhalt zu bestreiten. Der Vater arbeitete als Tagelöhner und gehörte damit einer schwachen Randgruppe der Gesellschaft an, die nicht selten »von der Hand in den Mund« lebte. Sie hatten keinen eigenen Grundbesitz und bebauten nur gepachtetes Land. Das von der Gemeinde gemietete Haus hatte keinen Keller; im Erdgeschoss waren der Ziegenstall, die Essküche und ein Vorratsraum untergebracht. Im Stockwerk darüber befand sich der Wohnteil der Familie mit drei Zimmern für 15 Personen. Die Kinder schliefen jeweils zu zweit oder zu dritt in einem Bett. Neben dem Haus gab es noch einen Schuppen, wo Hühner, Hasen und die kleine Besenwerkstatt untergebracht waren. Franz Reiter arbeitete bei den umliegenden Bauern, je nach Jahreszeit und anfallender Arbeit auf dem Feld, im Stall oder im Haus. Nach vollendetem Tagwerk wurde er bezahlt und kehrte meistens ins elterliche Haus zurück. Die Bezahlung erfolgte in barer Münze, manchmal auch in Naturalien. Um 1850 verdiente ein Tagelöhner etwa 40 Kreuzer am Tag und im Winter sogar nur 24 Kreuzer. 24 Kreuzer kostete damals bereits ein Kilogramm Schweinefleisch. Die Wochen oder gar Monate, in denen der Vater keine Arbeit hatte, fielen mager aus. Dann wurde es ohne Rücklagen knapp mit der Verpflegung, und die Familie musste nicht selten Hunger leiden. Zwischen dem begüterten Bauernstand und den landwirtschaftlichen Helfern herrschten große soziale Gegensätze. Genügsamkeit und äußerste Sparsamkeit waren erforderlich, um halbwegs zurechtzukommen. In Zeiten schlechter Ernten traf es natürlich die Menschen mit unregelmäßigen Arbeitsmöglichkeiten wie die Reiters zuerst. Trotz der vielen Arbeit mit Haus und Kindern versuchte die Mutter, durch Stricken von Strümpfen und Pullovern oder mit Flicken zerrissener Kleidungsstücke für andere Dorfbewohner etwas hinzuzuverdienen.

Ludwig II., Gulden 1868; Münzzentrum 182,3548

Bayerisches Geld: Gulden und Kreuzer

Im neuen Königreich Bayern schuf die bayerische Münzordnung 1806 ein einheitliches Münzsystem. Das Königliche Münzamt in München prägte zentral die neuen Kreuzer und Gulden. Erst 30 Jahre später wurde trotz allgemeiner Skepsis das Papiergeld eingeführt, das jedoch rasche Akzeptanz fand.

1 Gulden [fl.] entspricht 60 Kreuzer [kr.]

Eine Frage, die im Zusammenhang mit alten Währungen häufig gestellt wird, lautet: Was ist das in heutigem Geld wert?

Eine Umrechnung ist wegen des von den heutigen Gegebenheiten völlig abweichenden Warenangebots wie auch wegen der so ganz anderen Preis- und Lohnverhältnisse unmöglich. Je nachdem, von welchem Wert man dabei ausgeht – sei es der Brotpreis, der Goldwert, ein Tageslohn usw. – würde man völlig unterschiedliche Umrechnungswerte erhalten. Nur der direkte Vergleich von Löhnen und Preisen lässt etwas vom Wert des Geldes, vom Angebot und dem dafür notwendigen Aufwand erkennen.

Der Pfarrhof in Reisbach Niederbayern zahlte um 1830 folgende Jahreslöhne aus (Kost und Logis waren frei):

Ludwig I., 3 Kreuzer 1839; Hauck & Aufhäuser 19,1128

- **Oberknecht** – 40 Gulden
  Dazu 1 fl. zum Namenstag, dazu 2 Hosen oder 3 fl., dazu 1 Paar Stiefel oder 5 fl., dazu 3 Hemden und 1 Pfund Schweinefett.

- **Knecht** – 24 Gulden
  Dazu 24 kr. zum Namenstag, dazu 1 Paar Schuhe oder 2 fl., 2 Hemden und 1 Pfund Schweinefett.

- **Mitterdirn** – 17 Gulden
  Dazu 36 kr. zum Namenstag, dazu 1 Paar Schuhe oder 2 fl., 30 Ellen Leinen und 1 Pfund Schweinefett.

- **Köchin** – 30 Gulden
  Dazu 2 fl. und 42 kr. zum Namenstag, dazu 1 Paar Schuhe oder 2 fl., dazu 24 Ellen Leinen, 3 Pfund Wolle und täglich ½ Maß Bier.

- **Kuchlmagd** – 17 Gulden
  Dazu 1 fl. zum Namenstag, dazu 1 Paar Schuhe oder 2 fl., dazu 20 Ellen Leinen und 2 Pfund Wolle.

Tagelöhner, die bei Bedarf zusätzlich beschäftigt wurden, mussten ihren Lohn jeweils verhandeln.

Ein Tagelöhner bekam zum Beispiel fürs Holzhacken 33 Kreuzer **pro Tag**, aber keine Verpflegung.

Lebensmittelpreise um 1830 in München:

1 Pfund Ochsenfleisch	10 kr.
1 Pfund Schweinefleisch	12 kr.
1 Pfund Butter	19 kr.
5 Eier	4 kr.
1 Maß Winterbier	4 kr.
1 Maß Sommerbier	5 kr.
2 Pfund Mischbrot	8 kr.

Jahres-Mindestbedarf für eine kleine Familie mit drei Kindern, Niederbayern 1847 (am Rande der Armut stehend): 136 Gulden

Davon Ausgaben für Wohnung 25 fl., 3 Klafter Holz 20 fl., 3 Scheffel Roggen 36 fl., Kartoffeln und andere Lebensmittel 28 fl., Salz 2 fl., Kleidung 20 fl., Licht und Seife 4 fl., Steuern 1 fl.

Bei 260 Arbeitstagen musste ein Taglöhner dafür pro Tag ca. 31 Kreuzer verdienen, die meisten lagen deutlich darunter.

Jahres-Einkommen verschiedener Berufe in Niederbayern 1847:

Handwerker	50 – 150 fl. (mit Kost und Wohnung)
Schreiber	150 – 300 fl.
Lehrer	150 – 400 fl.
Pfarrer	400 – 2400 fl. (je nach Pfarrei)
Kath. Bischof	ca. 8000 fl.

Gearbeitet wurde in der Regel von Montag bis Samstag. Die Arbeitszeiten lagen bei durchschnittlich 11–12 Stunden am Tag, ca. 70 Stunden in der Woche.

Maximilian I., 20 Kreuzer 1821;
Westf. Auktionsgesellschaft 79,2314

Der Dienstknecht

Während Matzeder einen Beruf erlernt hatte, war Reiter von Anfang an nur Dienstknecht gewesen und wechselte öfter als damals üblich seine Dienstherren. Die allgemeine Aussage: »Einmal Knecht, immer Knecht«, traf nur bedingt zu. Es gab auch viele Bauernsöhne, die als sogenannte »weichende Erben« als Knecht arbeiteten. Sie mussten, wenn sie Glück hatten, nicht für immer Knecht bleiben. Nach dem in Altbayern herrschenden Erbrecht erhielt der erstgeborene Sohn den Hof. Hatten die Hofbesitzer mehrere Kinder, dann mussten jene, die den Hof nicht erbten, »weichen« und sich am elterlichen oder auf einem anderen Hof als Knecht verdingen. Ihnen blieb aber die Möglichkeit, mit ihrem Erbteil, dem Geld, das sie als Knecht verdienten, und mit dem Besitz, den vielleicht noch eine Frau mit in die Ehe bringen konnte, ein Anwesen zu kaufen und eine eigene Familie zu gründen. Wer allerdings wie Reiter ein armer Tagelöhnersohn und ungelernter Dienstknecht war, der blieb es sein Lebtag. Mitte des 19. Jahrhunderts war es unmöglich, als mittelloser Knecht in einen Hof einzuheiraten und Bauer zu werden.

Raub in der Wiedmühl

Schon zeitig in der Früh liefen die zwei Räuber gen Osten über Arnstorf hinaus. Jetzt im Oktober zogen dicke Nebelschwaden über die Wiesen und an so manchem Tag klarte es überhaupt nicht auf. Gar unheimlich dampfte es von den Ackerböden. Gerade recht, um unverfroren in die Bauernstuben einzusteigen, schnell den Beutel zu füllen und mit wenigen Sprüngen wieder in die graue Suppe einzutauchen. Wieder wollten sie es dort nehmen, wo Überfluss herrschte. Das war nur recht. Solang sich der Protz stopft, dass er seinen Bauch kaum tragen kann, und daneben der arme Teufel verhungert, solange kann es keine Sünde sein, zu nehmen. Doch inzwischen war es nicht immer der Hunger, der die zwei Freibeuter antrieb, den krummen Weg zu gehen, sondern auch eine Art Jagdinstinkt. Es schien leicht, unbemerkt hier die Legezellen eines Hühnerstalls auszuräumen, dort kurzerhand ein Ferkel aus dem Saukobl zu zerren. Aber nicht genug, jetzt wollten die zwei in die Stuben einfallen und Geld rauben. Gerade an den Sonntagen, wenn die braven Leute auf die Kirchenbänke rutschten, war das Räubern ohne großes Risiko.

Bei Roßbach streunten sie noch immer ohne festes Ziel den Kollbach entlang, bis sie schließlich durch die Nebelschleier die alte Wiedmühl erkannten. Hier wollten sie einbrechen. In einer Mühle war auch in der schweren Zeit noch gut zu wirtschaften. Auch wenn der Braten rar war – Mehl wurde gemahlen und Brot gebacken. Der Müller hatte sein Auskommen, solange Korn auf den Feldern reifte.

Bei einem großen Haselnussstrauch blieben sie stehen und diskutierten den Räuberplan. Im Hosensack trug ein jeder einen zusammengerollten Stofffetzen, den sie jetzt herausholten und vorsichtig öffneten, bis der schwarze Ruß in die Handflächen rieselte. Bis zu dieser Minute waren sie zwei junge Männer, die übers Land gingen, wie so viele zu dieser Zeit, und wären niemandem weiter aufgefallen.

Doch jetzt rieben sie sich den Ruß auf die Wangen und Nasen; damit nahmen sie die wilde Identität der Gesetzlosen an. Mit dem Schwärzen des Gesichts veränderte sich jedes Mal auch ihre menschliche Natur. Mit den Masken waren sie nicht weiter Franz Matzeder und Franz Reiter, zwei windige »Häuslerbuam« und Hungerleider, sondern gefürchtete Freibeuter. So ist die menschliche Natur, die losgelassen von dunklem Charakter erfüllt ist. Mit Gewalt wollten sie nehmen, was immer in ihre Hände fiel. Und wer ihnen im Weg stand, den schlugen sie hart. Mit dem Schwärzen des Gesichts überstrichen sie die Scham ihres armseligen Bauernstands und das Gewissen vor dem Herrgott. Selbst die Sprache hatte sich dann verändert. Erregte Kühnheit klang aus ihren leisen, letzten Dialogen. Die Atmung war schnell und keuchend laut.

Der Nebel gab keine hundert Meter Sicht. Kein Mensch war zu sehen. Fast geräuschlos schlüpften sie durch die Haselnussbüsche und strichen durch das nasse Gras in den Garten. Von der Bachseite traten sie leise in das unversperrte Mühlenhaus ein und rochen den süßen Duft von frischem Korn. Wieder hielten sie inne – kein Laut. Hier wäre es ein Leichtes gewesen, säckeweise gutes Mehl hinauszutragen, doch der Weg war zu weit, um das schwere Diebesgut zu schleppen. Der grobe Bretterboden knarrte. Sie betraten eine Tenne, wo sich rechter Hand der Mühlenschuppen anschloss. Nach oben führte eine Holzstiege zum Getreideboden. Neben dem offenen Lagerraum, wo mehrere Mehlsäcke an der Wand lehnten, führte auf der linken Seite ein kurzer Flur zur Tür, die zum Wohnhaus anschließen musste. Die beiden hatten schnell die Orientierung gewonnen und schritten über den staubigen Boden auf die Tür zu. Matzeder drehte den Eisenring und zog die weiß gestrichene Tür langsam auf. Schon standen sie in der Fletz. Die Stube musste vorn neben der Haustür sein, die offen stand.

Als die beiden näherkamen, hüpfte eine Henne von der Schwelle ins Freie. Ein paar Schritte über die gesprenkelten Steinzeugfliesen, und jetzt umschlang Matzeder den Türgriff zur Stube. Doch da rührte sich etwas – ein Geräusch, wie wenn eine schwere Pfanne auf den Herd gestellt worden wäre. Er drehte nochmal den Kopf zu seinem Kumpel und schaute ihm entschlossen in die Augen. Ein kurzes Nicken bejahte nochmal ihre Entschlossenheit. Es gab kein Zurück! Besser wär es ohne Gewalt, aber ein Küchenweib sollte sie nicht ängstigen.

Die Burschen polterten mit ihren schweren Stiefeln und ihren geschwärzten Fratzen in die Kuchl, dass der alten Müllerin bei diesem Anblick die Milchkanne aus den Händen glitt und laut scheppernd über den Boden rollte. Ein paar Sekunden stand die ungefähr 70 Jahre alte Frau in ihrem schwarzen Rock und blauer Schürze wie versteinert. Grad ebenso gespannt ob des Geschehens glotzten die Räuber. Doch da plärrte sie plötzlich auf, dass die Schwarzen zusammenzuckten und es ihnen durch Mark und Bein ging. Matzeder, der zuvorderst in der Müllerstube stand, stürzte zu ihr auf die andere Tischseite und schlug ihr mit der knöchrigen Faust ins Gesicht, dass sie benommen rückwärts über einen Schemel stürzte. Plötzlich ein Messer an ihrer Kehle.

»Sag mir, wo ihr ‘s Geld habts, sonst stich i dich ab!«, donnerte er. Doch das Weib flehte nur: »I bitt dich, lass mirs Leben!«

»Wo das Geld ist, möcht i wissn – sag’s aus!«

»In der Kammer drobn, im Kastn ist ein wenig was«, schluchzte sie, worauf der Räuber von ihr abließ. Schutzsuchend kroch sie auf allen Vieren zum Ofen hin.

»Da gehst weg, du Kretin!«, schnauzte der Matzeder, der in der derben Holzkiste neben dem Ofen die schweren Holzscheite gesehen hatte. Am Ende käme das Weib noch auf die Idee, die Heldin zu spielen und sich mit den Scheiten zu wehren. Erschlagen hätte er sie müssen!

Während Matzeder dann ins obere Geschoss stürmte, blieb sein Kumpan in der Küche und durchwühlte den Hausstand nach Brauchbarem. Neben Küchenmesser, einer Schere und zwei schönen Bierkrügen mit zinnernem Deckel steckte er bald allerhand Essbares in seinen Mund und in den Rucksack. Ein schönes Stück Speck und ein Haferl Schmalz, Marmeladentöpferl und Honig fanden sich in der Mühle, dazu frisches Brot und süßes Gebäck.

»Die leidn ganz gewiss keine Not«, dachte sich Reiter, »lasst sich doch von jedem Zentner Mehl zwei, drei Haferl für den eigenen Bauch auf die Seitn tun. Diese Saubande, diese falsche.«

Während im Obergeschoss noch nach Wertsachen gewühlt wurde, war Reiter in der Küche fertig mit Stöbern, konnte aber nicht weg, da er ein Auge auf die alte Müllerin haben musste. Die hockte mit blutender Nase in der Zimmerecke und hatte sich wieder ein wenig gesammelt. Erst hatte sie gejammert, dann sich geduckt und, den Blick abgewandt, das »Gegrüßt seist du Maria« gebetet. Nach einiger Zeit verstummte sie und fixierte den groben Burschen zwar ängstlich, aber auch mit neugierigem, giftigem Blick, als wolle sie erforschen, wer der Mann wäre.

»Schau mich net so an, du Matz!«, fauchte der Mann, der in der Tür zur Fletz stand.

Da fiel sein Blick auf den Korb mit Boskopäpfeln auf der Anrichte, die wohl für ein Kompott bereitstanden. Er sprang hinzu und griff sich den Korb. Wieder blickte er ungeduldig nach draußen auf die Stiege, dann nahm er sich einen Apfel, biss einen großen Brocken heraus und schmetterte ihn in die Ecke, wo die Alte kauerte. Das Geschoss verfehlte sein Ziel, aber das alte Weib zuckte zusammen und duckte sich noch mehr. Gleich flog der zweite Apfel in die Ecke, noch härter, und zerbarst an der Wand. Der Räuber geriet in Zorn und pfefferte einen nach dem anderen auf das jammernde Häufchen Weib. Als der Korb leer war, riss er noch den Weihwasserkessel von der Wand und warf ihn ebenso hinterher.

Endlich polterte Matzeder die Stiege herunter. Auch er hatte seinen Rucksack mit Diebesgut gefüllt. In seiner Hast stolperte er auf den letzten ungleich langen Stufen, landete auf dem Hosenboden und stauchte sich den Steiß. Der Aufschrei und zorniges Fluchen ließen die Müllerin wieder zusammenzucken. Unverhofft stand einer der Wilden vor ihr und raunzte sie keuchend an:

»Wenns dich fragn, wer da einbrochn ist, dann sagst: einer, den der Herrgott bschissn hat! Hast ghört?«

Die Tür von der Fletz in die Mühle flog auf und die beiden liefen wieder in die Tenne. Auf Höhe des Mehllagers bremste Reiter ab und schaute mit vandalischer Absicht auf die dicken Mehlsäcke. Schon griff er in den Hosensack und zog sein Messer heraus, um das Sacktuch aufzuschlitzen, da vernahm er die Schelte des Kumpels: »Nein Franz, net ums Verderbn schlagn wir zu, sondern ums Auskommen. Lass uns die Ehr behalten!«

Das Diebesgut geschultert, flohen sie und verschwanden klappernd im Nebel.

Mit einem Stück Seife wuschen sie sich keine 500 Meter entfernt, in guter Laune, am Kollbach das Gesicht. Die Kälte des Wassers nahmen sie kaum war. Sie hatten gute Beute gemacht. Alle Anspannung war verflogen und sie streunten guten Mutes heimwärts. Jetzt waren sie wieder Matzeder und Reiter und scherzten den Weg entlang.

Rottaler Großbauern

Das landwirtschaftliche Besitzgefüge war recht unterschiedlich verteilt: Tagelöhner, Häuslleut, Klein- und Großbauern. Für ein vernünftiges Auskommen rechnete man pro Person die Bewirtschaftung von sechs Tagwerk guten Bodens. Viele Höfe hatten aber wesentlich mehr Grund. Dreißig Hektar (90 Tagwerk) waren keine Seltenheit. Die Hälfte davon diente meist als Weideland, die andere Hälfte bearbeitete man mit Pflug und Egge, obgleich nur zwei Drittel dieses Ackerbodens bebaut wurden: mit Getreide, Weizen, Hafer, Gerste, Roggen und natürlich auch Kartoffeln – seltener mit Raps, Flachs, Hanf oder Hopfen. Der dritte Teil des fruchtbaren Landes ruhte jeweils als Brache. Auf den Wiesen weideten mehr Ochsen als Kühe, denn man nutzte das Rind nicht so sehr als Milchvieh, sondern als Zugtier. Zwar schöpfte man den Rahm der Milch zum Butterrühren, aber große Mengen Milch konnte man anderweitig kaum verarbeiten. So verfütterte man sie größtenteils an die Schweine.

Auf größeren Höfen gab es auch Pferde, denn sie erhöhten das Ansehen des Besitzers. Wenn Adel und vermögende Bürger ihre Wagen von Pferden ziehen ließen, wollte auch der wohlhabende Bauer nicht mit Ochsengespannen daherkommen. Das Vieh stand selten im Stall; man ließ es in der frostfreien Zeit Tag und Nacht draußen. Auch die Schweine, die in Herden von Hirten gehütet wurden, verbrachten die meiste Zeit draußen. Den Brenn- und Bauholzbedarf deckten die Bauern im niederbayerischen Hügelland entweder aus hofeigenen Waldbeständen, oder, berechtigt durch alte Absprachen, aus dem Forst der Grundherren.

Solcher Besitz also war es, der es den Rottaler Großbauern angebracht erscheinen ließ, sonntags in der Kirche vorne zu sitzen und vor den restlichen Dorfbewohnern zu protzen. Auch sonst stellten sie gerne ihren Reichtum zur Schau, wann immer es Gelegenheit dazu gab. Auf Hochzeiten zum Beispiel, Tauf- und Totenfeiern. Dazu luden sie das halbe Dorf ein, um an festlich geschmückten Tafeln zu feiern. Musikanten spielten auf und auf die Tische kamen die seltenen bayerischen Fleischspeisen. Da ließen sie Wild und Geflügel, Gesottenes und Gebratenes auftragen, Bier und Wein flossen in Strömen. Selbst nach Beerdigungen wurde so mancher Leichenschmaus eine willkommene und lustige Feier. Wenn sich zu vorgerückter Stunde die Wirkung des Gerstensaftes bemerkbar machte, vergaß manch ein Gast den traurigen Anlass und stimmte schon mal ein lustiges Lied an.

Flucht nach Bach

Franz – d'Gendarmen kommen!«, schrie die Mutter so schrill, dass es durch Mark und Bein ging.

Die alte Frau stand wie bewegungslos vor dem Hühnerstall und wurde von einem der Polizeiknechte am Gewand gepackt und festgehalten. Der Matzeder war im Kuhstall, sprang auf und stieß dabei den Melkeimer um. Die Milch ergoss sich unter der gutmütigen Kuh, die unbeeindruckt ihr Gras wiederkäute. Vom Stallfenster aus sah er eine Garnison die Hofstelle stürmen. Gut zwei Dutzend Männer waren angerückt und verteilten sich auf die wenigen Gebäude. Hier konnte er sich nicht verstecken; er musste fliehen. Schon flog die vordere, hofseitige Stalltür auf und der Kommandant schrie ein lautes »Halt, oder i schieß!«

Bis er aber das Zündhütchen auflegen und das Gewehr anlegen konnte, hatte Matzeder das kleine Tor auf der Rückseite, das auf die Weide führte, erreicht, riss den Riegel hoch und stieß es auf. Auch hier stand bereits ein Gendarm, der aber, völlig überrumpelt, nicht schnell genug zupacken, geschweige denn seinen Vorderlader in Schusslage bringen konnte. Die kräftige Bauernpranke schlug dem Gendarm so fest ins Gesicht, dass er zu Boden ging. Matzeder lief so schnell er konnte über den Acker auf den Wald zu. »Schießts!«, hörte er den Kommandanten brüllen und augenblicklich krachten zwei, dann ein drittes Gewehr, dass es nur so widerhallte.

Keines der Geschosse hatte getroffen. Er wollte seine Fluchtrichtung antäuschen, lief zuerst nach Osten, wo er auf kürzestem Weg den Wald erreichte, dann aber in einem Halbkreis nach rechts um Matzöd herum, bis er nach Westen hin auf eine Wiese traf. Dahinter lagen die vier Höfe der Ansiedlung Bach. Einen Holzschuh hatte er im Dornengestrüpp verloren und sich manchen Stachel eingetreten. Wie ein wildes Tier humpelte er auf die Bauernhöfe zu. Vorbei am ersten erreichte er den Goldbrunnerhof. Den Goldbrunner Wigg, der gerade dabei war mit seinem Vater Holz aufzurichten, kannte er gut. Soweit er noch Worte herausbrachte, schilderte er ihm atemlos seine Situation und bat um ein Versteck.

»Schnell, in Heubodn hinauf!«, gebot ihm der Wigg.

Die zwei liefen hinüber zum Rossstall, wo eine Leiter hinauf auf den Boden führte. Der Heuberg war nicht besonders groß, aber darin konnte er sich vergraben, bis die Luft wieder rein war. Matzeder bewegte sich nicht, doch fühlte er sich hier gar nicht wohl. Wenn die Polizeiknechte heraufkämen, würden sie mit ihren Bajonetten einstechen und ihn aufspüren. Er kroch nochmal hervor und schaute hinunter in den Rossstall.

Nur wenige Minuten später hörte er die aufgeregten Stimmen der Verfolger. Ungefähr die Hälfte der Mannschaft hatte sich den Goldbrunnerhof vorgenommen. Sie schrien durcheinander, drohten dem Bauern mit Zuchthaus, weil er sich der Mittäterschaft schuldig machen würde, falls er dem Sauhund Unterschlupf gewähre und sie stießen, wo sie konnten, Hab und Gut um. Eine Scheibe klirrte.

»I hab niemand gsehn, schauts halt selber, obs ihn finds!«, gab der Wigg zurück.

Inzwischen war auch die Bäuerin aus der Stube herausgelaufen und jammerte und weinte. Alle Gebäude wurden durchsucht und rasch standen sie auch im Stall. Der Rossstall unten war schnell überblickt, hier war niemand. Dann stieg einer lautlos so weit die Leiter hinauf, bis er vorsichtig hinaufspähen konnte.

»Verstärkung! Heubodn durchsuchn!«, schrie er nach seinen Kameraden.

Dem Goldbrunner, der von draußen durch das scheibenlose Fenster die Szenerie beobachtete, stockte der Atem. Schnell standen drei Gendarmen vor dem Heuberg. Nacheinander steckten sie ihre Bajonetten auf die Gewehrläufe und begannen dann, in den Haufen zu stechen und den Berg zu durchwühlen. Einige Minuten, die dem

Bauern wie eine Ewigkeit vorkamen, raschelte das Heu und keuchten die Männer.

»Hier ist er net«, stellte nach einiger Zeit der Ranghöhere fest und ließ seinen Gewehrkolben zornig auf den Bretterboden niederkrachen. Schnaufend wischte er sich die schweißnasse Stirn. Auch in den anderen Schlupflöchern wurden sie nicht fündig und so mussten sie eilends weiter, um die Spur aufzunehmen. Der Wigg hatte Mühe, sein Weib zu beruhigen, und alsbald gingen sie ins Haus, sich niederzusetzen und sich von dem Schrecken zu erholen.

Noch lange saß Matzeder in seinem Versteck und rührte sich nicht von der Stelle, rechnete er doch damit, dass einzelne Wachposten zurückgeblieben waren, um ihn in einem leichtsinnigen Moment niederzustrecken.

Gott sei Dank war er nicht im Heu geblieben!

Selbst als der Goldbrunner nach ungefähr einer Stunde in den Stall kam und nach ihm rief, gab er keinen Ton von sich. Erst mit Anbruch der Dunkelheit stieg er heraus. Sein Versteck war der hölzerne Unterbau, der den Futterbarren für die Rösser erhöhte. Unmittelbar bevor die Gendarmen in den Stall gestürmt waren, war er in den mit Spinnweben verhangenen Hohlraum gekrochen, der nur 40 cm Breite und 60 cm Höhe maß. Hier lag er auf dem Boden und konnte sich kaum bewegen, geschweige denn umdrehen. Die kommende Nacht wollte er den Stall nicht mehr verlassen; so richtete er sich ein Nachtquartier auf dem Heuboden ein. Zeitig in der Früh, noch bevor es Tag wurde, stapfte er dann mit nur einem verbliebenen Holzschuh nach Matzöd zurück.

Die Beicht

Während der Fastenzeit war in Simbach jeden Tag nach der Frühmesse Beichtgelegenheit. Von Montag bis Donnerstag saß der Kaplan im Beichtstuhl, Freitag bis Sonntag der Vikar. Bis Ostern sollte die Seelenweste möglichst rein sein, und so gingen die gottesfürchtigen Leute bis zum Karsamstag meistens ein paar Mal zum Pfarrer, um ihr Gewissen zu erleichtern. Auch Matzeder dachte zu dieser Zeit immer wieder an sein schändliches Treiben und die Sünden plagten ihn, dass er gar schwermütig wurde. Er ging nun hie und da zur Frühmesse unter der Woche. Gerade noch rechtzeitig, wenn das helle Sakristeiglöckerl zum Einzug des Pfarrers mit seinen Ministranten anschlug, stieg er endlich die Außentreppe der Kirche zur Empore hinauf, die an den Wochentagen recht wenig besetzt war, und setzte sich in eine der Holzbänke. Ein paar Mal verfolgte er gespannt, wie viele Sünder dablieben – ob er es erwarten könnte, an die Reihe zu kommen, und schlich sich dann missmutig wieder aus dem Gotteshaus. Doch dann hat es einmal geklappt. Am Dienstag der Karwoche verharrten nach der Messe nur mehr die Kramerin und die alte Zenzlhuberin, um auf den Kaplan zu warten.

Selbst hier gab es eine Ordnung. Der Herr Vikar nahm die Beichte an der linken Seite des Kirchenschiffs ab, der Kaplan belegte den Beichtstuhl hinten neben der Kirchentür, wo es im Winter ein bisserl zugiger war.

Die Kramerin war schnell losgesprochen, und als die Zenzlhuberin in dem kleinen weißgetünchten Holzkasten verschwand, stieg Matzeder hinunter. Die Gedanken fuhren ihm wild herum und er konnte sich gar nicht mehr genug besinnen, was er denn nun alles darbringen müsse, da öffnete sich das schmale Türchen wieder. Schon wollte er hinaus auf die Straße fliehen, da schaute Kaplan Finsinger heraus und musterte für einen Moment den finsteren Burschen.

»Ja, auf was wartst? Geh halt herein!«, forderte er ihn ungeduldig, aber mit flüsternder Stimme auf und Matzeder stieg in die winzige Nische.

Der Kaplan hielt sich ein Taschentuch an die Stirn und lehnte sich ehrwürdig an die Holzwand des Beichtstuhls. Er sprach ein kurzes lateinisches Gebet und wartete nun auf das Bekenntnis des Sünders. Matzeder schnaufte und schwieg und wusste nicht, wie anzufangen.

Der Gottesdiener wartete geduldig und baute die Brücke: »Mein Bruder, du bist gekommen, um deine Schuld vor Gott zu bringen. Bereust du deine Schuld?«

Noch einmal ein lauter Schnaufer, dann das leise, zittrige Bekenntnis: »Ja, Herr Pfarrer, i bereu es schon. I bin ein schlechter Mensch, i weiß net, ob's für mich noch einen Freispruch gebn kann. I hab so viel Schuld, dass i net weiß, ob der Herrgott einem wie mir noch verzeihn kann.«

»Bei Gott ist nix unmöglich und unser Herr freut sich über jedn, der umkehrt und seine Schuld darlegt. Du kennst doch das Gleichnis vom verlorenen Sohn. Eine Freud ist's, wenn einer zum Vater umkehrt.«

»Ja, wenn d'Sünd passiert, dass man d'Unwahrheit sagt oder einen schlagt, aber bei mir is mehr. I bin ein Räuber und mein Lebn ist durch und durch versaut. I weiß ja gar net, wo i anfangen soll.«

»Ich hab schon allerhand ghört und weiß, welche schwere Last du trägst. Aber wo eine Einsicht ist, da ist auch Vergebung! Weißt du denn nicht, dass unser Herr Jesus für unsere Schuld gstorbn ist? Deine ganze Schuld, deine ganze Last kannst an Jesu Kreuz ablegen, wenn du bereust und ein neues Leben anfangen willst. Den Rat kann i dir gebn: Bereu deine Schuld und kehr um, dann kann vor Gott alle Sünd ausglöscht werden, auch wenn du vor dem Gesetz büßn musst.«

»Aber i kann doch net anders – auch wenn i heut bereu – i werd wieder stehln müssn, wenn i net verhungern will.«

»Es gibt so viel Elend und Not in Simbach, und viele Leut hungern, aber die sind trotzdem gerecht. Du machst alles nur noch schlimmer und wirst im Zuchthaus landen, wenn du net umkehrst und ein anständiges Leben führst.«

»Nein Herr Pfarrer, i kann nimmer umkehrn, d'Gendarmen sind mir schon auf den Fersn und i hab keine Ruh mehr in der Welt – kein Auskommen hab i und einen leeren Magn alle Tag, i weiß net, wie es weitergehn könnt.«

Der Kaplan wusste einen Moment nichts zu erwidern, aber er wollte die arme Seele nicht entmutigen. Es musste einen Weg geben, den Matzeder auf den ehrbaren Pfad zurückzubringen.

»Geh in dich, und wenn du noch gottesfürchtig bist, dann bereu deine Sünden und lass dich jetzt freimachen. Unser Herrgott hält an jedem Sünder fest, wenn er nur den richtigen Glauben hat und umkehren will. *Den glimmenden Docht löscht er nicht aus und das geknickte Rohr bricht er nicht ab*, das sind Worte aus unserer heiligen Bibel. Solange du noch an unserem Herrgott festhältst, gibt es Hoffnung. Bekenne jetzt deine Schuld!«

Matzeder hielt noch einen Moment inne und stierte auf das abgewandte Profil des Kaplans, bevor er seine Schandtaten, soweit sie ihm einfielen, darlegte.

Die Diebereien bei den Großbauern, die Schlägereien, seine Saufgelage mit dem Reiter Franz. Oft hat er gelogen, geflucht, schlecht geredet und auch die Brandstiftung beim Jahrstorfer kam recht trocken, vermeintlich ohne Reue.

Dann hat er gestockt, war da doch noch ein Verbrechen, das ihn nun doch sehr unwohl berührte. Vor dem geistigen Auge sah er wieder die Bilder, die ihn lange Zeit bewegt hatten.

Es war im späten August, als er wieder einmal im Wald war, um Schlingen auszulegen und Schwammerl zu suchen, da begegnete ihm ein junges Mädchen, vielleicht 15 Jahre alt, das ebenfalls einen Korb voll Braunkappen heimbringen wollte. Der Franz hatte sich hinter eine große Fichte geduckt und ist dem Kind eine Zeitlang nachgeschlichen. Er hörte ihren Gesang und beobachtete, wie sie ihr hübsches Köpferl suchend hin und her bewegte, sich bückte, um einen Pilz aus dem Waldboden zu drehen. Er merkte, wie ihm das Blut im Kopf pulsierte und er spürte seine Erregung. Er schnaufte geil und da knackte der Ast laut unter seinem Stiefel. Das Mädchen drehte sich um und als sie ihn erblickte, grüßte sie ihn unbedacht. Der Franz schritt auf sie zu und sprach sie kurz auf die Schwammerl an, aber dann konnte er nicht anders – er riss sie zu Boden und roch die süße Haut an ihrem Hals. Das Dirndl schrie und versuchte ihn abzuwehren, da schlug er sie recht brutal ins Gesicht und warf ihr den langen Rock hoch – drückte ihr mit dem Tuch den Kopf fest auf den Boden und drang in sie ein. Das Mädel hatte geschrien und nach dem kurzen Akt kauerte sie zur Seite und weinte bitterlich.

Jetzt wollte er frei werden und dachte wieder an die Worte des Kaplans, dass er all seine Schuld ablegen konnte am Kreuz Jesu – es war ja eh schon wurscht und da beichtete er sein bislang schlimmstes Verbrechen mit bebender Stimme und schwieg dann in Erwartung des Urteils.

Auch der Kaplan verharrte in Stille. Die Schweißperlen standen ihm nach dem Geständnis dieses verabscheuungswürdigen Verbrechens auf der Stirn.

»Wenn du bereust, Matzeder – die Gnade … und Barmherzigkeit unseres Herrn Jesus sei mit dir«, sagte der Kaplan erschrocken und abgehackt langsam.

Konnte man diese Verbrechen lossprechen? Musste nicht diese Schuld unweigerlich den Sünder in die Tiefen der Hölle versenken? Aber er hatte sein Wort gegeben und so sprach der Diener Gottes den Segen – und den Freispruch.

Der Räuber stieg aus dem Beichtstuhl – mit der Vergebung durch den Mittler und der Einladung, jederzeit zu einem Gespräch kommen zu können. Er betete noch die aufgetragenen Bußgebete, bevor er den Fuß auf den Marktplatz setzte.

Frei sein, frei von Schuld, das war ein gutes Gefühl. Lange fühlte er keinen solchen Frieden und er war tief dankbar für die Worte des Kaplans. Er konnte nun neu beginnen und alles, was war, ablegen. Auch wenn schlechtes Gewissen vor den Geschädigten blieb, vor Gott hatte er nun seine schwere Schuld gelöscht.

Frohen Mutes kehrte er beim Apfelböck ein und bestellte sich eine Halbe Bier, auch wenn er zu dieser Stunde der einzige Gast war. Er hatte einen Grund zum Feiern und zum Fröhlichsein!

Schandtat auf dem Axöder Hof

An einem Sonntagmorgen waren Matzeder und Reiter wieder gemeinsam im Rottal unterwegs. Von Falkenberg aus, wo sie die Nacht in einem Heustadel verbracht hatten, marschierten sie in Richtung Eggenfelden. Nördlich der Stadt tauchten sie schon sehr zeitig auf dem Axöder Hof auf.

Es war Kirchenzeit. Auch auf dem Axöder Hof waren die Bauersleut, alle Knechte und Mägde zur Sonntagsmesse gegangen. Bloß »das Kuchlmensch«, die jüngste der Mägde, die Sofie, war zurückgeblieben. Bevor sie daran ging das Mittagessen zu kochen, war sie noch mit dem Brotteig beschäftigt. In der großen Küche hatte man den fast zwei Meter langen Holztrog, in dem der Teig für die Brotmenge einer ganzen Woche vorbereitet wurde, aufgestellt. Die Zutaten von Hand zu verkneten, erforderte viel Kraft und Ausdauer. Die Sofie im blauen Schürzl und dem nach hinten gebundenen Kopftuch arbeitete angestrengt. Schweißperlen standen ihr auf der Stirn, tropften dann und wann auf die weiße Masse unter ihr, als sie wieder und wieder mit beiden Händen kräftig in den Teig fuhr. Sie bemerkte nicht, dass sich zwei Männer in den Vierseithof eingeschlichen hatten und sie durchs Küchenfenster beobachteten.

Da sich sonst über längere Zeit nichts rührte, trauten sich die Räuber, durch die Haustür leise in die Fletz einzutreten. Noch immer hatte die Magd nichts gehört und bearbeitete ihren Brotteig. Erst nachdem die zwei Männer alle übrigen Türen im Erdgeschoss vorsichtig geöffnet und sich davon überzeugt hatten, dass keine anderen Leute im Haus waren, traten sie an die Küchentür. Die Klinke ließ sich ohne Geräusch hinunterdrücken. Matzeder betrat als Erster den Raum und ging lautlos auf die Magd zu. Die Sofie stand mit dem Rücken zur Tür. Sie bearbeitete den Teig in einer Intensität, dass dem Räuber beim Anblick die Säfte hochstiegen. Grad als er sie erreichte, gab es dann doch ein Geräusch vom Hintermann. Die junge Magd wandte den Kopf und erschrak erbärmlich vor dem schwarzbärtigen Räubergesicht. Sie fuhr herum, streckte im Reflex ihre Teighände in Abwehrhaltung aus und stieß einen kurzen schrillen Schrei aus.

»Dein Maul hältst, du Kaibl!«, fauchte Matzeder sie an, drohte ihr mit erhobener Hand und stieß sie dann grob zu Boden. Die Magd nach Geldverstecken zu fragen war sicher sinnlos, aber Auskunft über die Kammer der Bauersleut konnte sie natürlich geben. Reiter lief daraufhin die Holztreppe hinauf und durchwühlte den mit bayerischen Blumenmustern verzierten Schrank und die Betten der Bauersleute. Eine kleine Geldmenge, ein paar Ringe und Halsketten aus Silber fand er in der Schublade des Kastens, der unter dem Fenster stand. Von unten hörte er die Magd laut aufschreien. Hier hatte also die Bäuerin ihren Krusch verwahrt. Aber es musste mehr geben! Noch einmal untersuchte er die Bettstatt, warf die Wäsche auf den Boden, riss die Heiligenbilder von der Wand und fand nichts weiter. Dann griff er sich den stoffbespannten Stuhl, stellte ihn vor den Schrank und stieg darauf.

»Da heroben schaut's gut aus«, stellte er fest, als er auf dem Schrank das kleine Kästchen entdeckte.

Noch auf dem Stuhl stehend öffnete er den Deckel und lachte über die gute Beute. Ein schönes Bündel Geldscheine und eine Pistole waren hier versteckt.

Mit dem Kästchen unter dem Arm polterte er die Stiege hinunter, die Fletz vor zur Küche, von wo er das Mädchen schreien hörte, als wäre sie im Kampf mit dem Matzeder. Er stieß die angelehnte Tür auf und fand seinen Kumpel auf dem Mädchen liegend, das vergebens versuchte, sich gegen den Übergriff des brutalen Mannes zu wehren. Darum hatte er ihn nach oben geschickt – er wollte mit dem jungen Ding seinen Spaß treiben. Etwas verlegen trat er zurück aus dem Zimmer, wartete mit dem Rücken an die Wand gelehnt, bis es in der Stube nach kurzer Zeit etwas ruhiger wurde, dann trat er wieder ein.

Die arme Sofie hatte sich in eine Ecke gekauert und weinte. Aus ihrer Nase rann Blut.

»Schau her Franz, des hat sich rentiert!«, zeigte Reiter stolz seine Beute.

»Gut«, keuchte Matzeder ein knappes Lob.

Er nahm Reiter zur Seite und murmelte ihm etwas zu. Ein kurzes Hin und Her, dann lachten beide über ihre schändliche Absicht und drehten sich drohend wieder der Sofie zu. Das Mädel erkannte, dass die Sache noch nicht ausgestanden war. Gerade hatte sie sich den Unterrock wieder hochgezogen, da forderte sie der gemeine Schänder wieder auf, sich auszuziehen.

»Wenn du dich net ausziehst, dann stich i dich ab. Also tu's, wenn dir dein Lebn lieb ist! Ich mach keinen Scherz und du wärst net die Erste, die i kalt mach.«

Mit durchdringender, böser Miene fuchtelte Matzeder mit seinem Messer herum. Unter großem Geheul begann die Magd sich bis auf die Unterwäsche auszuziehen. Doch das war nicht genug. Die Drohungen der Räuber und die Messerklinge am Hals brachen schnell ihren Widerstand, so dass sie sich vollständig entblößte. Mit den Händen bedeckte sie weinend ihre Scham. Zitternd vor Angst stand die flachbrüstige, blonde Frau vor ihnen und rief in ihrer Verzweiflung alle vierzehn Nothelfer an.

»Hör auf mit dem Krampf – i bin der Deifl selber, da hilft dir keiner!«, lachte der Matzeder.

»So, jetzt steigst in den Trog und wuzelst dich in dem Teig!«

Die beiden Räuber hatten ihren Spaß und lachten, während sich die Sofie im Brotteig wälzte. Erst als sie von Kopf bis Fuß mit Teig verschmiert war, durfte sie wieder heraussteigen, dabei weinte und schrie sie ohne Unterlass. Zu guter Letzt wurde noch ein Federkissen aus der Schlafkammer aufgeschlitzt und die Teiggestalt mit dem Gänseflaum »gefedert«. Ein schauriges Treiben war das.

»Und jetzt laufst den Kirchenleut zgegen! Wenn du dich weigerst, dann stich i dich ab, wie eine Sau!«, schrie Matzeder und jagte die

Sofie mit dem Messer drohend zur Haustür hinaus.

Tatsächlich waren die Hausleut nicht mehr fern und bekreuzigten sich vor Schreck, als sie das hysterische Gespenst von einiger Entfernung auf sich zulaufen sahen. Die beiden Räuber indes konnten unbehelligt entkommen.

Das Versteck am Kalten Brunn

In östlicher Richtung von Simbach erreicht man nach einer halben Stunde Fußweg eine kleine Schlucht im sogenannten Schabinger Holz. Hier befindet sich eine steingefasste Quelle, mit der die Simbacher von alters her naturreligiöse Vorstellungen verbinden. Schon früh hielten sie das Wasser für heilkräftig und wandten es gegen Krankheiten der Augen an. Hierher flüchteten schon Bewohner des Marktes während der Feindeinfälle im Dreißigjährigen Krieg und versteckten sich in den damals noch dicht bewachsenen Waldungen. Auch ein Kirchlein stand früher neben dem Brunnen, das einem in Bayern wenig bekannten Heiligen gewidmet war, den sie Cassian oder noch früher Castellan nannten. Zu Füßen dieses Heiligen stand ein Opferstock, den die Frommen füllten und die Lumpen leerten. In diesem fast undurchdringlichen Waldgebiet, keine tausend Meter von Matzöd entfernt, hatten die Matzöder Räuber ihr Versteck eingerichtet. Bei den Bauern und Dorfbewohnern wurde diese Schlucht der »Kalte Brunn« genannt. Dieser Platz bot Sicherheit, denn nur Einheimische kannten den Ort. Hier kannte Matzeder sich aus, von hier aus konnte er seine Raubzüge beginnen und sich nach Bedarf auch wieder zurückziehen und sich in Sicherheit wiegen. Die Bauern und Jäger ahnten zwar, dass er sich hier gelegentlich herumtrieb, aber keiner hätte es gewagt, ihn bei der Obrigkeit anzuzeigen. Zu groß war die Furcht vor seiner Rache. Warum auch hätte man ihn anzeigen sollen? Seine Raubzüge beging er nicht in Simbach, hier »hielt er sich die Leute warm« und fand Unterschlupf, wann immer er ein Lager zum Schlafen brauchte. Dem Gerede nach beging er seine Straftaten in Eggenfelden, Landau oder gar Neumarkt, Vilshofen, Geiselhöring oder Vilsbiburg. Das war weit weg und ging einen ja auch nichts an. Ob alles stimmte, was in den

Wirtshäusern dahergeredet wurde, war ohnehin fraglich. Hier in der Simbacher Gegend hatte man mit dem Räuber Matzeder keine großen Probleme. Das mag wohl auch ein Grund dafür gewesen sein, warum es für die Gendarmerie so lange nicht möglich war, seiner habhaft zu werden. Dass der Simbacher Gendarmeriekommandant auch von dem Versteck wusste, ist nicht auszuschließen, aber warum sollten er und sein einziger Bediensteter sein Leben riskieren, um ihn zu verhaften?

Eines Tages trieb der alte Aßbeckbauer vom Schabinger Hof, der nur ein paar hundert Meter nördlich vom »Kalten Brunn« entfernt lag, seine beiden Ochsen auf den Acker hinaus und spannte ein. Mit den Zugochsen, die gemächlich den Holzpflug zogen, bearbeitete der Bauer sein Feld entlang des Waldrands. Leichter Frühreif überzog noch den weichen, teilweise sumpfigen Boden, der durch die Schattenlage erst um die Mittagszeit von den warmen Sonnenstrahlen erreicht wurde. Hier galt es, die Ochsen gut zu führen, da gelegentlich Wurzeln der nahen Waldbäume oder größere Steine dem Zweiergespann zu schaffen machten.

Kleiner eingefasster Quellbrunnen am Kalten Brunn. Dem Wasser werden Heilkräfte nachgesagt. (Foto: Fred Haller)

Eine gute Stunde ackerten sie, als sich plötzlich die eiserne Pflugschar an einer Baumwurzel verfing und die mächtigen Tiere gegen den Widerstand zu zerren begannen. Noch bevor der Bauer sie zurückhalten konnte, zerrissen sie die Einspannriemen, sprangen aus dem Geschirr und rannten schnaubend hinauf zum Wald. In dem Waldstück zum Kalten Brunn hin gab es eine Stelle, wo der Boden sehr nass war. Es bestand die Gefahr, dass seine Ochsen dort im Sumpf einsanken und dann nur noch mit größter Mühe aus dieser Lage befreit werden könnten. Diese Sorge schoss ihm sofort in den Kopf. Er musste sie einfangen, bevor sie das gefährliche Waldstück unten am Bach erreichten. Doch er sollte Glück haben. Die schweren Zugochsen besannen sich eines Besseren, beruhigten sich, als sie den saftigen Wiesenfleck vor dem Sumpfgebiet erreichten und begannen zu fressen. Als der Bauer die Lichtung erreichte, standen sie dampfend in der Lichtung. Es war nun ein Leichtes für ihn, seine Tiere unter beruhigendem Zureden wieder unter Kontrolle zu bringen. Eine kleine Rast konnte nicht schaden und so ließ er sie weitergrasen und suchte sich ein trockenes Fleckchen, wo er sich selber ausruhen konnte. Gerade hatte er sich auf einen Baumstumpf gesetzt, als er aus dem Wald seltsame Geräusche hörte. Neugierig stand er auf und ging darauf zu. Nach wenigen Schritten hörte er deutlich Stimmen. Als er aus einiger Entfernung mehrere Personen erkannte, hielt er inne und duckte sich hinter einer dicken Tanne. Er erkannte den Matzeder Franz, einen weiteren Mann, der ihm jedoch fremd war, und eine Frau, die mit dem Rücken zu ihm stand. Geheuer war ihm die Szene nicht, aber jetzt war er nun einmal schon da, und die Neugierde bewirkte ein Übriges. Er wagte kaum zu atmen und hörte, wie Matzeder zu der Frau sagte:

»Merk dir den Baum hier, da haben wir unser Sach versteckt. Sollt uns einmal was zustoßn, du weißt schon, was i mein, dann kannst es dir holn!«

»Geh, die erwischen euch doch nie«, hörte der Aßbeck die Frau erwidern, »ihr wisst ja, wo ihr euch in der Not versteckn könnts.«

Obwohl der Bauer die Stimme der Frau sehr deutlich hörte, konnte er sie nicht zuordnen. Dass sie schon seit längerer Zeit mit den beiden Spitzbuben unter einer Decke steckte, das war offensichtlich. Der heimliche Lauscher hatte nun genug gehört, er schlich sich vorsichtig zu der Lichtung zurück, um seine beiden Ochsen auf den Acker zu treiben und seine Arbeit wieder aufzunehmen. Während der Stunden auf dem Feld überlegte er krampfhaft, wer diese Frau wohl gewesen sein könnte. Am Ende doch nicht etwa die Erlmayer Fanni, die auf dem kleinen Nachbarsacherl in Oberschabing lebte? Wer weiß. Als er nach Feierabend seinem Weib davon erzählte, wurde ihm erst so richtig bewusst, in welch großer Gefahr er sich am Vormittag befunden hatte. Immer wieder sprach das Bauernehepaar über diesen Vorfall und vor allem auch darüber, wie viel Geld wohl unter dem Baum versteckt sein könnte. Es heimlich auszugraben, trauten sie sich aber nicht. Erst als sich zwei Jahre später die Nachricht von der Gefangennahme der Räuber herumsprach, erinnerte sich Aßbeck und lief eilends zu dem Versteck, fand aber nur noch ein leeres Loch unter dem Baum. Wer das Geld geholt hatte, war für den Bauern schnell klar; es konnte nur die unbekannte Frau gewesen sein.

Wegweiser, der heute den Weg im Schabinger Holz weist. (Foto: Fred Haller)

Jägerbluad

Noch bis Mitte des 19. Jahrhunderts war die Jagd in den bayerischen Wäldern ausschließlich dem Adel vorbehalten. Die Bürgerschaft sah es mit Argwohn; zeigte sich doch gerade im Vorrecht der Jagd wieder einmal die schreiende Ungerechtigkeit im Staatsgefüge.

Die Rehböck und Hasen, die frei über die Fluren sprangen, sich am Korn der Bauern labten und sich vermehrten nach Gottes Laune – die holte sich die „rausgefressene Obrigkeit" auf den Tisch!

Kein Wunder war es also, dass hier und dort einer eine Schlinge auslegte, um sich mit einem Stückl Kleinwild einen schnell verdienten Braten zu holen.

Dass der Wilddiebstahl in seine Schranken gewiesen wurde, dafür sorgten die angestellten Jäger.

Mathias Lechner aus Roßbach war vor einem Jahr als neuer Jäger in den gräflichen Dienst aufgenommen worden. Sein Onkel hatte vor ihm diese Anstellung innegehabt, doch mit seinen fast 70 Jahren war er mit zunehmender Sehschwäche seinem Amt nicht mehr gewachsen gewesen. Früher war er im ganzen Revier gefürchtet. Mit einer Leidenschaft und Amtstreue durchstreifte er seine Wälder, kannte jedes Reh und die Population des Kleinwilds aufs Genaueste. Nie entging ihm, wenn ein Wilderer sein Unwesen trieb, und dann gab es für den Jäger kein Ruhen mehr, bis der Dieb gefasst war oder wieder Ruhe einkehrte.

Jetzt war es an dem 26-jährigen Hiasl, wie er genannt wurde, die Lücke zu füllen und dem Anspruch gerecht zu werden. Ein ruhiger, zurückgezogener Bursch war er, rothaarig und rotbackig – vielleicht deshalb noch ledig. Bisher hatte er sich als Bauernknecht sein Brot verdienen müssen. Das waren harte Jahre. Aber jetzt war er ein glücklicher und zufriedener Mensch. Er hatte ja auch gar nicht damit gerechnet, als ihn eines Sonntagnachmittags der Onkel zu sich bestellte. Der alternde Onkel musste einsehen, dass er nicht länger seinen Mann stehen konnte, doch eines vermochte er zum Schluss – eine Empfehlung für seine Nachfolge abzugeben. Zum Mathias hatte er ein besonderes Verhältnis, war er doch sein Taufpate gewesen, und jetzt konnte er ihm noch einen guten Dienst erweisen.

Das erste Dienstjahr verging wie im Flug und in dieser Zeit wandelte er sich zu einem schneidigen Jäger. Mit der Büchse über der Schulter und der Amtsgewalt in der Tasche ließ sich der Kopf schon höher tragen als zuvor unter dem Joch der Knechtschaft. Es gab nichts Schöneres, als durch das Revier zu streifen, dem Wild nachzustellen und all die Schönheit der Schöpfung Gottes zu erleben. Am meisten liebte er die Morgenstunden, wenn alles Leben in das Licht des Tages trat, die Luft erfüllt war von der gesunden Frische und dem Durcheinander der Vogelstimmen.

An Mariä Himmelfahrt saß Mathias Lechner mit einigen Dorfmännern am Stammtisch beim Kirchenwirt. In bester Laune präsentierte er die neue Jagdbüchse, die er vom Grafen persönlich entgegennehmen durfte. Das alte Schießeisen seines Onkels war nicht schlecht, aber man musste die Entfernung und den Rechtsdrall gut einschätzen können, wollte man das Wild nicht nur erschrecken, sondern auch niederstrecken. Mit der neuen Waffe war das anders: Sie traf dort, wo Kimme und Korn den Bock zeigten. Stolz hob er den neuen Vorderlader hoch und ließ den Kolben auf die Tischplatte krachen. Eine schöne Waffe mit Gravuren an den Messingbeschlägen. Den Kolben zierten verschnörkelte Schnitzereien.

»Da werdn mir die Reh und Wilderer im Revier bald ausgehn!«, ereiferte er sich und feierte mit einer Runde Bier sein neues Glück.

»Die Büchsn wird dir net lang eine Freud machn«, ging es einem anderen Besucher der Gaststube durch den Kopf. »Es gibt nix, was i net kriegn kann, wenn ichs habn möcht – des merk dir, du windigs Jägerbürscherl.«

An einem Nebentisch saßen Franz Matzeder und Franz Reiter bei einem Krug Scheps und heckten neue, finstere Pläne aus. Auf ein Gewehr hatte es Matzeder schon länger abgesehen und diesem Deppen werde er es schon zeigen.

»Ihm, dem Hanswurscht, werdn bald die Reh und Wilderer ausgehn? Der soll nur aufpassen, dass ihm net selber d'Luft ausgeht«, brummte leise der Schwarzbärtige zu seinem Freund.

Die beiden waren sich einig. Noch in dieser Nacht würde das Gewehr den Besitzer wechseln. Finster verfolgten sie den Diskurs und das Feiern am Stammtisch. Ein Leichtes würde es sein, dem angetrunkenen Hiasl in der Dunkelheit eine böse Überraschung zu bescheren. Gegen 22 Uhr verließen sie die Wirtsstube. Ohne den Heimweg des Jägers zu kennen, versteckten sich die Räuber hinter der gegenüberliegenden Friedhofsmauer. Von dort würden sie beobachten können, wann er aus dem Wirtshaus kam, und ihm dann folgen. Nach etwa einer Stunde trat Lechner mit zwei weiteren Männern auf die Straße. Sie schienen reichlich angetrunken, torkelten laut schwatzend in östliche Richtung die finstere Dorfstraße hinauf. Die Räuber blieben noch kurz still hinter der Friedhofsmauer sitzen und folgten dann im Schutz der Dunkelheit der Gruppe. Leider war der Lechner der erste, der sich an einem kleinen Anwesen, wo in einem Fenster noch schales Licht flackerte, verabschiedete. In dieser Nacht blieb der Jäger verschont.

»Den kriegn wir schon noch«, brummte der Matzeder.

»Wenn wir ihn hier net erwischn, dann müssn wir ihn halt im Holz draußn schnappn, da sieht uns wenigstens keiner.«

Und die Sache duldete keinen langen Aufschub. Schon zwei Tage später verfolgten die Matzöder Räuber den Lechner um 6 Uhr in der Früh mit reichlich Sicherheitsabstand in den nahen gräflichen Forst. Als Schwammerlsucher wollten sie durch den Wald streifen und früher oder später auf den Jäger treffen. Eine spürbare Spannung lag in der Luft. Immer tiefer drangen sie in den Wald ein, die Köpfe hin und her drehend und die Augen suchten nach einem dunkelgrünen Lodenjanker. Zwei Stunden vergingen und die Spur schien verloren. Der Matzeder fluchte und schimpfte auf das »Jägerbürscherl«. Wieder war er ihnen entkommen. Franz Reiter sagte gar nichts mehr, kannte er die Wutausbrüche seines Anführers doch zu gut. In solchen Momenten war »nicht mehr gut Kirschen essen« mit ihm. Selbst er hatte schon die Messerklinge an der Kehle gespürt, als er sich nach einem misslungenen Einbruch – der Hofhund beim Lehermeier hatte die Fremden gewittert und angegriffen – zu einer abfälligen Bemerkung hatte hinreißen lassen. Misserfolge hingen Franz Matzeder lange nach. Immer wieder kam er auf Fehler und unglückliche Umstände zu sprechen, suchte nach Gründen und wie man sich in Zukunft besser verhalten müsse. Und wehe, wenn die gleichen Fehler wieder gemacht wurden! Auch diesmal sah es nach einer Pleite aus. Vom Jäger weit und breit keine Spur, und nach dem langen Irrgang wussten beide den Weg aus dem Forst nicht zu nennen. Allein der Stand der Sonne gab ihnen die Richtung an. Sie kämpften sich durchs Unterholz, bis in einigen Metern Entfernung eine Lichtung zu erkennen war. Der Matzeder ging voraus und schob sich durch die dichten Nadelbäume. Einmal hatte Reiter nicht aufgepasst und ein Zweig peitschte ihm ins Gesicht. Doch da war die Lichtung, hier konnten sie eine kurze Pause einlegen. Gerade als sie sich auf einen umgestürzten Baum setzten, knackte hinter ihnen ein Ast am Boden und eine Stimme schrie sie schroff an:

»Was treibts ihr euch denn hier ummernand?«

Mit dem Jagdgewehr fest in der Hand stand Lechner hinter ihnen. Schwammerlsuchen wären sie und zeigten ihren Korb.

»Schwammerlsuachn? Dass i net lach! I kenn di. Du bist doch der Matzeder. Dös hab i noch net ghört, dass du deine Zeit mit Schwammerlsuachn verbringst. Seids wohl eher beim Schlingenauslegn, es Bagage. Zeig dein Rucksack, des möcht i scho sehn, was da alles zum Vorschein kommt! Und des glaubst mir, i werd mit jedem Wilderer fertig!«

Trotz der frechen Worte konnte der junge Jäger seine Aufgeregtheit nicht verbergen. Den Herzschlag mag er bis in den Hals gespürt haben, und sein ganzes Gesicht war so rot wie sonst nur seine Backen. Dem Matzeder kochte das Blut vor Zorn; musste er sich diesem Bürscherl ausgeliefert wissen. Er stand auf, riss sich den leinenen Rucksack vom Rücken und warf ihn vor sich auf den Waldboden.

»Dann schau doch nach und überleg dirs nächste Mal was d' sagst!«

Lechner, der noch etliche Meter entfernt neben einem großen Fichtenstamm stand, blieb einen Moment regungslos. Dann schritt er, auf den bösartig dreinschauenden Räuber konzentriert, auf den Rucksack zu. Doch in seiner Hast verfing er sich mit einem Fuß im Dornengestrüpp, strauchelte und fiel bäuchlings in das stachlige Grünzeug. Mit beiden Händen seine Büchse festhaltend stützte er sich, fast ausgestreckt, gegen den Boden. Gerade als er seinen Kopf hob, stampfte ein schwerer Stiefel auf den Gewehrlauf, und in derselben Sekunde trat ihm ein zweiter Stiefel gewaltig ins Gesicht, dass es ihm in den Augenhöhlen grad so aufblitzte. Er hatte die Kontrolle über die Situation verloren. Es ging so schnell, dass er nicht einmal wahrnehmen konnte, wer ihn schlug. Ein Tritt in die Seite, dann ein Holzstecken wieder und wieder auf Kopf und Rücken. Er merkte, wie ihm das Gewehr aus den Händen gerissen wurde, doch er konnte kaum dagegenhalten. Jetzt war er wirklich wehrlos. Noch einen Tritt seitlich in den Brustkorb, dann ließen sie von ihm ab. Lechner stöhnte – kam auf alle viere – dann hörte er jemanden aus Leibeskräften brüllen:

»Steh auf, du Sau! Was glaubst denn du, wen du vor dir hast, ha? Du windiges Jägerbürscherl, du. Meinst du etwa, du kannst es mit den Matzöder Räubern aufnehmen? Dich derwerf i doch wie ein jungs Katzl! Steh auf jetzt!«

Schmerzerfüllt und mit verzweifelten Augen richtete sich der junge Jäger auf seine Knie auf. In seiner Wut legte Matzeder den geladenen Vorderlader an und drückte ab.

Das Krachen hallte weit durch den Wald und auf der Lichtung stand weißer Rauch. Mit aufgerissenen Augen fiel der junge Körper fast lautlos vor den schnaufenden Mördern zu Boden.

Tot war er noch nicht. Elend röchelte er, sog schwer die Luft in seine zerfetzten Lungenflügel. Er versuchte sich noch einmal aufzurichten, fiel aber wieder mit dem Gesicht in das Dornengestrüpp. Totenstille. Selbst die Geräusche des Waldes waren verstummt. Nach einer endlos scheinenden Minute packte Matzeder den tödlich verletzten Lechner, zog ihn zum nächsten Baum und setzte ihn mit dem Rücken an den Stamm. Alle Kraft war aus dem jungen Burschen gewichen; nicht einmal den Kopf konnte er noch heben. Matzeder griff den roten Schopf und lehnte ihn zurück an das Holz. Fast mitleidig, aber mit seinen starren kalten Augen, sagte er nur noch: »Du dummer Bua!«

Jugendlicher Hochmut und Leichtsinn hatten Lechner in seinem schönen Jägerberuf kein Glück gebracht. Hätte er eine Ahnung davon gehabt, was ihn erwarten würde, so hätte er sicher seine Zufriedenheit als Dienstknecht gefunden. Obwohl das Verschwinden des Mathias Lechner noch am selben Tag bemerkt wurde, dauerte es fast zwei Wochen, bis die Leiche im Wald entdeckt wurde. Nach dieser Zeit hatten Verwesung und allerhand Getier den Körper grauenhaft zugerichtet.

Die Stelle im Wald, wo der junge Jäger ermordet wurde, heißt bis heute »Bluat-Liachtn«.

Nachdem die Räuber den Leichnam im Wald zurückgelassen hatten, flüchteten sie und trieben sich weiterhin im Rottal herum.

Die Fanni

Mit schnellem Schritt klatschten die Holzschuhe durch die Regenpfützen und der Dreck spritzte ihr die Waden hoch, als sich die Fanni über die Feldwege wieder auf den Heimweg machte. Es dämmerte und deshalb hatte sie es auch sehr eilig. Kein Weiberleut trieb sich allein im Wald herum, schon gar nicht um diese Stund. Doch sie musste hinauslaufen zum Matzeder Franz – ihn warnen. Die Franziska Erlmayer war Aushilfskellnerin beim Postwirt in Simbach und wenn in der Gaststube die Rede auf die Matzöder Räuber kam, dann spitzte sie immer ganz besonders die Ohren. Die Fanni, wie sie genannt wurde, war eine unverheiratete junge Frau und mit einigen Männern, die sich inzwischen auch zu der Räuberbande zählten, gut bekannt. Da war zum Beispiel der Unertl aus Stadl, ein paar neue Auswärtige wie der Gustl Klingsohr aus Neumarkt und auch der Harlander Xav aus Dettenau. Sie selbst gab gelegentlich Unterschlupf und versorgte die Kameraden gegen gute harte Taler.

Tags zuvor, am Sonntag, hatte sie den Simbacher Gendarmen beim Frühschoppen reden hören, dass er für Mitte der Woche eine polizeiliche Anordnung aus Landau erwarte, um den nunmehr gefürchteten Anführer der Räuber endlich dingfest zu machen. Kundschafter gab es in beide Richtungen und so war bekannt, dass sich Matzeder seit einiger Zeit wieder im elterlichen Haus versteckt hielt. Schon mehrmals hatte sich Fanni für ihren Informationsdienst einen schnellen Gulden verdient, und als sie das letzte Mal eine Botschaft überbrachte – es war in einer warmen hellen Mondnacht im Juli – da hatte sie der Franz in seine Kammer hinaufgeführt. Nie zuvor war ein Weib ihm zugetan und ohne Furcht. Die Fanni war eine »Vogelwilde«, die sich einen Spaß daraus machte, die Erregtheit des Räubers herauszufordern. Sie biss sich kokett auf die Lippen und drehte die Hüfte hin und her. Doch auch sie musste erkennen, wohin sie geraten war. Barsch war ihr geheißen, sich auszuziehen und sich auf den Strohsack zu legen. Eingeschüchtert von der direkten Aufforderung verschlug es ihr die Sprache. Doch sie gehorchte, legte die Bluse ab, ließ den speckigen Rock und auch den Unterrock auf den Bretterboden fallen. Nun stand sie etwas verlegen in der Ecke. Hatte sie wirklich Einfühlsamkeit und Zärtlichkeit von diesem rohen Burschen erwartet? Das Herz pochte ihr nun in der Brust zum Zerspringen. Er streckte die Hand nach ihr aus, zog sie zu sich und drückte sie. Sie hörte seinen schweren Atem und ließ es geschehen.

Er hatte ihr nicht wehgetan, ihr aber auch keine Liebe zeigen können. Als er wieder in seiner Hose stand, ging er zur Kommode, kramte im matten Licht der Öllampe in einer Schublade und gab ihr einen Gulden.

»Kommst wieder?«, fragte er einsilbig.

Die Fanni war beschämt, fühlte sich benutzt und wusste nicht, ob sie diesen Kerl hassen oder bemitleiden sollte. Sie war sich sicher, dass sie keinen Fuß mehr über diese Türschwelle setzen würde, doch sie wollte ihn jetzt nicht erzürnen und sagte zu. Als sie in die Dämmerung hinaustrat, standen ihr die Tränen in den Augen.

In der folgenden Nacht konnte sie keinen Schlaf finden. Das fahle Licht des Mondes erhellte ihre kleine Kammer ein wenig. Sie wälzte sich in ihrem Bett von einer Seite auf die andere und hatte dabei ihre Meinung schon wieder geändert, obwohl ihr Franz Matzeder nicht das geben konnte, wonach sie sich sehnte. Dieser Mensch konnte nicht anders. Er hatte nichts anderes erlebt als Armut, Verfolgung und Argwohn. Trotzdem war er auf seine Art frei, widersetzte sich der Knechtschaft und der Ausbeutung des Bauernstandes. Mehr und mehr gefiel ihr der Gedanke, als verschlagene Räuberbraut den Schergen der königlichen Exekutive in die Suppe zu spucken. Was auch immer an interessanten Neuigkeiten in der Gaststube oder in den Gassen aufzuschnappen war, sie würde es nach Matzöd tragen!

Im Heustadl umzingelt

Im Sommer 1841 war eine Abordnung des königlichen Militärregiments für die Ergreifung der beiden Schurken abgestellt worden. Sie durften der bayerischen Justiz nicht länger auf der Nase herumtanzen. Belohnungen wurden ausgesetzt und so bewirkten Hinweise aus der Bevölkerung, dass sich die Schlinge allmählich immer enger zusammenzog. Doch noch immer stand die Fanni den Bösewichten zur Seite und gab regelmäßig Neuigkeiten am Treffpunkt beim Kalten Brunn weiter. Ihr war es mehrmals zu verdanken, dass die Räuber ihren Fängern entkommen konnten. Sie hatte das Vertrauen der Männer und kannte auch das geheime Versteck, wo Wertsachen und Waffen verscharrt lagen. Als im August die Lage durch das große Aufgebot brenzlig zu werden schien, drängte sie »ihren Franz« zur Flucht.

Die Entscheidung stand fest. Reiter und Matzeder wollten, zwar noch ohne festes Ziel, im Alpenraum um Berchtesgaden für einige Zeit untertauchen. Am Abend des 14. August stiegen sie bei Holzhäusl in einen Heustadel ein, um dort zu übernachten. Sie genossen die kühler werdenden Abendstunden vor dem Stadel sitzend und duckten sich ins lange Gras, als zweimal Bauersleute von der Feldarbeit vorbeizogen. Schon bald würden sie sich wieder frei und unbehelligt bewegen können. Doch es kam anders. In den sehr frühen Morgenstunden des darauffolgenden Tages, als von Osten her der dunkle Nachthimmel sein Blau allmählich aufhellte, waren mindestens zwanzig bayerische Soldaten leise den Feldweg heraufgeschlichen und hatten den Heustadel umstellt. Noch warteten sie mit dem Zugriff. Noch war es etwas zu dunkel, um im Inneren des fensterlosen Stadels gut sehen zu können, doch das leise Schnarchen, das an die Ohren des Kommandanten drang, forderte keine Eile. Falls hier tatsächlich die berüchtigten Matzöder Räuber im Heu lagen, dann wäre heute das Ende der Freiheit dieser gesetzlosen Brut besiegelt. Der Stadel hatte nur ein Tor auf der Westseite zum Feldweg hin und darüber eine Luke im Giebel. Hier standen gut zehn Männer mit blanken Bajonetten auf ihren Gewehren. Die anderen verteilten sich gleichmäßig um das Gebäude.

Es mag ungefähr halb fünf Uhr gewesen sein, als weitere sechs Gendarmen fast lautlos den geschwungenen Weg von Holzhäusl heraufliefen, um das Unternehmen zu unterstützen. Damit musste die Verhaftung gelingen. Mit einem Handzeichen des Kommandanten wurde das Scheunentor aufgerissen und die Soldaten stürmten hinein. Matzeder und Reiter, die in einer Ecke der Scheune ihr Nachtlager eingerichtet hatten, waren so überrumpelt, dass sie nicht einmal auf die Beine kamen. Sie sahen die vielen Vorderlader, die auf sie gerichtet waren und konnten keinen Widerstand mehr leisten.

Es folgten lange Wochen des Verhörs. Die harten Befragungen zur Ermordung des Jägers konnte sie jedoch nicht eindeutig überführen. Das Amtsgericht Eggenfelden verurteile sie schließlich zu jeweils neun Jahren Strafarbeit und Kettenhaft und so wurden sie wiederum ins Strafarbeitshaus Neudeck/München überstellt.

Ein ungebetener Besuch

Eingebettet in eine bunte Landschaft von dichten Wäldern, Wiesen und Feldern lag das Anwesen der Eheleute Anna und Georg Latzlsperger in Stelzenöd. In zweiter Generation kämpften auch sie mit viel Fleiß und Schweiß, um den spärlichen Lebensunterhalt für sich und die fünf Kinder zu bestreiten. Zur näheren Nachbarschaft gehörten weitere drei Höfe, die gemeinsam mit dem Latzlsperger Anwesen einen Weiler bildeten. Früher war der Stelzenöder Hof der einzige in dieser Gegend. Durch Ausheirat und Mitgift zerteilte sich der ursprünglich stattliche Besitz in kleinere Einheiten. Die beiden größeren Ortschaften, Arnstorf gegen Osten und Simbach im Westen, waren zu Fuß jeweils in einer halben Stunde zu erreichen. Neuigkeiten erfuhr man durch den sonntäglichen Kirchgang und gelegentlich von Hausierern und Viehhändlern, die hier vorbeikamen, um Geschäfte zu machen. An einem Tag im Mai 1848, während der Bauer Franz Latzlsperger im Schuppen damit beschäftigt war, seine Arbeitsgeräte auf Vordermann zu bringen, stand die Bäuerin in der Stube am Herd und rührte in ihren abgeschlagenen Emailletöpfen.

»Zum Essen ist's!«, schrie die Bäuerin durch das kleine Fenster hinaus auf den Hof zu ihrem Mann, der den hölzernen Pflug reparierte. Nur allzu gerne kam der Latzlsperger Bauer dieser Aufforderung nach, da er schon einen Mordshunger hatte. Es war ein normaler Werktag – also gab es Brotknödel mit Kraut. Die einfachen Leute mussten mit dem zufrieden sein, was satt machte. Umso mehr freuten sie sich auf die Mehlspeise am Freitag und den Braten, der zu besonderen Feiertagen auf den Tisch kam. Vielen Menschen ging es schließlich schlechter, waren die anspruchslosen Latzlspergers doch in der glücklichen Lage, ausreichend Milch, Eier und Korn selbst erwirtschaften zu können. Nach dem Essen sprach der Bauer das Dankgebet und machte sich wieder an seine Arbeit, um den Tag zu nutzen.

Er wollte an diesem Tag noch den großen Leiterwagen durchschmieren und eine neue Deichsel anbringen. Arbeiten, die jedes Jahr vor den eigentlichen Feldarbeiten zu erledigen waren. Am späten Nachmittag verdunkelte sich der Himmel und es zogen dicke Wolken über Stelzenöd auf.

Der Bauer brachte eilends seine Gerätschaften unter Dach und schrie seiner Frau, damit sie die Hühner und Ziegen in den Stall triebe. Es dauerte nicht lange und es goss tatsächlich in Strömen, als ginge die Welt unter.

Obwohl Latzlsperger mit seinen Arbeiten im Schuppen etwas beengt war, hatte er sein Arbeitspensum trotz des Gewitters geschafft und zog sich abends zufrieden ins Haus zurück, um bei Butterbrot und einem Krug Most den Feierabend zu genießen. Während die Bäuerin die Kinder zu Bett brachte, machte der Bauer wie jeden Abend noch seinen Rundgang durch Stall und Hof, um nach dem Rechten zu sehen. Nichtsahnend betrat er den Heustadel und erschrak so, dass ihm das Blut in den Adern stehen blieb, als er plötzlich einen Gewehrlauf im Rücken verspürte, und eine dunkle Stimme ihn aufforderte, die Hände zu heben und sich nicht nach hinten umzudrehen.

»Los, gehn wir ins Haus!«, befahl der unheimliche Fremde und stieß dem Bauern recht unsanft in den Rücken. Die Bäuerin, die mittlerweile wieder am Küchentisch saß, erschrak, als die Türe aufgestoßen wurde und ihr Mann mit dem bedrohlichen Fremden im Rücken in den Raum hereinstolperte. Kreidebleich wurde die Bäuerin, als sie den Eindringling erkannte.

»Franz, du?«, stammelte sie überrascht.

»Kennst mich noch, gell«, erwiderte Matzeder, der ausgemergelt und heruntergekommen aussah.

Natürlich kannten sie sich, lag doch ihr Sach nur zwei Kilometer von Simbach und Matzöd entfernt. Matzeder hatte sogar einmal als Maurerlehrling mit seinem Gesellen hier ein Stallgewölbe aufgebaut.

»Was willst denn bei uns?«, fragte die Bäuerin mit zitternder Stimme.

»I tu euch nix, wenn ihr vernünftig seid und keine Dummheiten machts«, erwiderte der Matzeder barsch.

»I bin ein paar Jahr eingsessen, aber des hat mich nimmer gfreut, also bin i ausbrochen. Heim kann i net, weil die Gendarmen sicher unsern Hof inspiziern und mir auflauern tätn.«

Die Latzlspergers hatten sich mittlerweile wieder besonnen und sich an den kleinen Küchentisch gesetzt. Doch da hörten sie erneut ein Poltern und wieder flog die Tür auf. Ein anderer finsterer Geselle, der ein ausgeweidetes Reh geschultert trug, stand an der Türschwelle.

»Brauchts euch net nochmal schreckn. Dös is bloß mein Spezi, der Reiter Franze«, beruhigte Matzeder mit lachender Miene.

»Wir habn schon lang nix Gscheites mehr zwischen die Zähn kriegt und uns einen saubern Sonntagsbraten gschossen. Was denen da oben ghört, des ghört uns auch«, hörte man den Matzeder mit drohender Stimme sagen.

»Geh Bäuerin, brat uns a Rehfleisch und schenk uns was zu trinkn ein!« Die Bäuerin staunte nicht schlecht über die Dreistigkeit der beiden Burschen, aber das viele Fleisch war ein überzeugendes Argument, sich dem Willen der Räuber zu beugen. Während sie das Reh mitnahm, um ein schönes Stück küchenfertig zu machen, fragte der Bauer mit vorsichtiger Stimme den Matzeder, wie lange sie vorhatten, zu bleiben.

»Lass uns grad ein, zwei Tage zur Ruh kommen, dann bist uns wieder los. Uns reicht der Heustadl zum Übernachten und tagsüber lassn wir uns net blickn. Hinhängen wenn du uns aber tust, dann holt euch der Deifl, das versprech i dir!«

Nun wusste er, woran er war. Der Matzeder würde wohl keine Sekunde zögern, ihm und seiner Familie Gewalt anzutun, wenn sie versuchen würden, ihn an die Gendarmen auszuliefern. Zu guter Letzt war ja auch das Wildbret nicht zu verachten, wodurch ihnen mitten unterm Jahr ein Festbraten beschert wurde, ohne dass sie sich etwas vorzuwerfen hatten, da ihnen ja gewissermaßen die Sache aufgezwungen wurde. Das Bauernpaar kam diese Nacht lange nicht zum Schlafen. Leise besprachen sie ihre Situation und den Umstand, dass sie die Räuber unter ihrem Dach beherbergten. In jedem Fall waren sie sich darüber einig, nichts zu unternehmen, was die Familie in Gefahr bringen könnte. Man hoffte, dass die beiden gesuchten Räuber alsbald wieder verschwinden würden und dann wieder Normalität auf dem Hof einkehren würde. Der nächste Tag sollte einer der längsten in ihrem Leben werden. Obwohl sie wie immer ihrer Arbeit nachgingen, wurden sie das Gefühl nicht los, ständig beobachtet zu werden. Als es wieder dämmerte, freuten sie sich einerseits auf den Feierabend, andererseits waren sie unsicher, was die ungebetenen Gäste noch alles vorhatten.

»Geh Frau«, sagte der Bauer draußen im Stall zu seinem Weib, »bring nur die Kinder bald ins Bett und richt noch eine Brotzeit her, damit unsere zwei Gäst net unzufrieden werdn und vielleicht dann morgen wieder verschwinden.«

Als die Bäuerin in die Stube kam, staunte sie nicht schlecht: Da lagen doch tatsächlich drei Gulden auf dem Küchentisch. Ihr war schnell klar, dass die »Unterschlupfer« schon verschwunden waren und ihnen das großzügige Geschenk als Schweigegeld dagelassen hatten. Sofort holte sie ihren Mann ins Haus und berichtete ihm von dieser angenehmen Überraschung. Noch lange stritten die zwei Bauersleute, ob sie nun das Geld behalten dürften. Ein schlechtes Gewissen hätten sie dabei doch. Sie fanden bald einen Kompromiss: einen Gulden wollten sie an die Kirche in Arnstorf geben und zwei Gulden selbst behalten. So wär die Angelegenheit sicher unter Gottes Segen, und es wär ein rechter Lohn für die Angst, die sie hatten aushalten müssen.

Gendarmenmord

Sehr schnell haben die Matzöder Räuber, wie die Bande in der Bevölkerung genannt wurde, schändliche Berühmtheit erlangt. In den Wirtshäusern gab es in dieser Zeit fortlaufend Gesprächsstoff. Keine Woche verging, in der nicht eine neue Räuberposse vorgetragen wurde. Dabei ging so manchem Wichtigtuer die Fantasie durch, und es häuften sich die Berichte über Einbrüche und Mordtaten über das wirkliche Maß hinaus. Da sich diese Dinge aber immer auswärts zutrugen und einfache Leute bislang immer verschont geblieben waren, konnten die Räuber sogar mit der Unterstützung oder zumindest Duldung der kleinen Leute in Simbach rechnen.

Viele Male waren die Schurken in Bedrängnis geraten und konnten es nicht wagen, auf dem Sacherl in Matzöd zu hausen. Hier tauchten regelmäßig Uniformierte auf, um sie endlich hinter Schloss und Riegel zu bringen. Doch rund um Simbach hatten sie Anlaufstellen, wo sie gegen einen kleinen Obolus bei Häuslern und Kleinbauern Unterschlupf fanden.

Die hiesige Gendarmerie war wachsam, versuchte die Leute gegen die Räuber aufzubringen. Es kam aber auch vor, dass gegen einen unbeliebten Häusler oder einen Nachbarn, mit dem einer im Streit lag, ein Verdacht der Mittäterschaft ausgesprochen wurde, woraufhin Abordnungen von Gendarmen anrückten und in roher Form Haus und Hof auseinandernahmen. Jeder Verdacht wurde aktenkundig und schnell hatte man vor dem Rechtsapparat einen Fleck auf der bislang weißen Weste.

Im Herbst 1848 waren Matzeder und Reiter trotzdem wieder einmal auf dem Anwesen der Eltern eingekehrt. Die beiden streiften durch die umliegenden Wälder mit der Absicht, Wild zu erlegen. Doch das Glück war nicht mit ihnen. Sie hatten zwar einen Rehbock aufgescheucht, der keine 15 Meter an ihnen vorbeihetzte, aber die Flinte konnte nicht schnell genug in Anschlag gebracht werden. Ein Spaziergang blieb es und bis auf ein paar Schwammerl machten sie keine Beute. Trotzdem waren die beiden gut gelaunt. Sie erzählten alte Geschichten, spaßten wie so oft über die Dummheit der Gendarmen, über die erschrockenen Gesichter der Großbauern, denen sie übel mitgespielt hatten und freuten sich ihrer gesetzlosen Taten. Nach dem erfolglosen Jagdgang wollten die zwei nach ihrem Versteck am Kalten Brunn schauen. Im Wald zwischen Großwalln und Schabing war der geheime Treffpunkt, der „Hoamling" der Matzöder Räuber. Wenn wie so oft aus dem Elternhaus geflohen werden musste, wenn Räuberpläne geschmiedet oder Diebesgut verteilt wurde, dann an diesem abgelegenen Ort. Eine vergrabene Holzkiste war das geheime Versteck für ein paar Waffen, Bargeld, Schnaps und einige Flaschen Wein. Wann immer es was zu feiern oder zu besprechen gab, dann traf man sich in dieser Senke. Nicht selten war ein Beutel mit ordentlich Münzgeld hier versteckt. Allein Franz Matzeder aber nahm daraus und verteilte. Er wusste zu jeder Zeit genau über den Vorrat Bescheid.

Übermütig sprang Reiter zwischen den Fichtenstämmen voraus den schlüpfrigen Hang hinunter, er freute sich schon auf ein kleines Trinkgelage, als er plötzlich den Halt verlor. Mit einem Fuß glitt er über eine rutschige Baumwurzel, konnte nochmal auftreten und flog dann aber vornüber auf den Waldboden. Als ihn Matzeder mit wenigen Schritten erreichte, lag Reiter in seltsamer Anspannung vor ihm und wollte sich nicht aufrichten. Beim Aufprall hatte er sich einen abgebrochenen Zweig in sein rechtes Auge gerammt. Langsam zog er jammernd Arme und Beine an, setzte sich dann auf den Boden, und Matzeder sah die Blutspur über die Wange fließen. Der Holzspan hatte zwar das Auge selbst nicht verletzt, steckte aber neben dem Augapfel tief in der Augenhöhle. Mit offenem Mund harrte er und versuchte die Augenpartie nicht zu bewegen. Matzeder fasste das Holzstück kurz entschlossen und zog es unter einem lauten

Aufschrei des Patienten heraus. Er griff den Verletzten am Oberarm und stolperte mit ihm hinunter zum geheimen Versteck, legte es frei und holte die Flasche Obstbrand heraus, die dort lag. Seinen Freund, der jammernd an einem Baumstamm hockte und sich das Auge hielt, packte er beim Schopf, zog seinen Kopf nach hinten in den Nacken, goss den Schnaps über die Wunde und nahm dann selbst einen kräftigen Schluck. Unter dieser Tortur stieß Reiter wieder einen schmerzerfüllten Schrei aus. Matzeder drückte ihm die Flasche auf die Brust. Reiter nahm die schmutzige Flasche und trank kräftig mit schmerzverzerrtem Blick. Er verschluckte sich, hustete und schluchzte. Rotz und Wasser liefen ihm über das Gesicht. Er trank nochmal und schnaufte laut. Er spürte eine Wärme durch den Körper fließen, trank vom Schnaps, wischte sich den Rotz von der Nase und trank nochmal, bis ihm die Flasche aus der Hand gerissen wurde. Die Augen hatte er geschlossen, sah nichts, hörte das Schlucken seines Freundes und grunzte, als dieser ihm wohlwollend den Arm auf die Schulter legte.

»Mit dir mach i was mit«, lachte der Matzeder.

Eine Weile saßen die beiden schweigend zusammen. Nachdem sie die Sachen wieder versteckt hatten, machten sich die zwei auf den Heimweg. Den Hang hinauf zurück zum Waldweg. Vom Obstbrand betäubt torkelte Reiter, das verletzte Auge mit der rechten Hand haltend, neben seinem Gefährten dahin.

Sie erreichten die Feldstraße, die links nach Großwalln führt, und gingen rechts des Waldes entlang Richtung Matzöd. Gerade begann der verletzte Reiter wieder zu jammern, als sie plötzlich von hinten angeschrien wurden.

»Halt, stehn bleibn!«

Ein Gendarm hatte sich hinter einer großen Eiche versteckt, die beiden vorbeigehen lassen und war dann aus seinem Hinterhalt gesprungen. Die beiden fuhren erschrocken herum. Der Gendarm im dunkelgrünen Waffenrock hatte sein Gewehr auf Anschlag gebracht, zielte auf Franz Matzeder, der ebenfalls seine Büchse in der

Hand hielt. Eine durchaus gefährliche Situation, konnte er zwar einen erschießen, dann müsste er jedoch seinen Säbel ziehen; denn dass die Räuberbüchse nicht schussbereit geladen war, das wusste er natürlich nicht.

»Lass des Gewehr falln und Hände hoch!«, brüllte er laut.

Reflexartig krümmte sich Matzeders freie Hand zur Faust und der Griff um das Gewehr wurde fester statt es loszulassen – auf Befehlston reagierte er von jeher mit Zorn, niemals mit Angst. Doch es blieb ihm nichts anderes übrig, als den Griff zu lösen und seine Waffe auf den Boden fallen zu lassen. Langsam hob er seine Hände. Wie davonkommen? Wie den Lumpen überwältigen? Er würde niemals aufgeben!

»Mein Freund is verletzt, der verliert das Aug!«, versuchte er die Aufmerksamkeit von sich abzulenken.

Der Gendarm kam ein paar Schritte auf sie zu und war jetzt nur noch wenige Meter von ihnen entfernt. Er sah das blutige Gesicht von Franz Reiter und gab dann knapp zur Antwort: »Umso besser!«

Hätte Matzeder Widerstand geleistet, wär es dem Gendarm sehr gelegen gekommen, denn dann hätte er ihn kurzum erschießen dürfen. Doch die beiden blieben ruhig und so hieß er sie vorwärts gehen, Richtung Simbach.

Matzeder hatte schnell einen Plan gefasst, doch noch war die Konzentration des Gendarmen zu groß, er wollte ruhig ein Stückchen gehen – ihn aufrücken lassen. Der Gendarm würde ohnehin den Reiter mehr beobachten müssen, der, deutlich angetrunken und einäugig, immer wieder irgendwo hängenblieb und stolperte. Matzeder drehte sich nicht um, doch beobachtete er seinen Verfolger und die Situation sehr genau. Jedes Geräusch nahm er wahr, jede Bewegung, die er im Augenwinkel erkannte. Er hörte jeden Stein, den der schwere Stiefel des Gendarmen wegstieß. Er hörte sein Husten, sein Schnaufen, er hatte sogar das Gefühl zu wissen, wann die Augen des Verfolgers auf ihn und wann auf Reiter gerichtet waren. Matzeder schätzte die sich ändernde Entfernung zu sei-

Hier eine Aufnahme vom Kalten Brunn.
Man erreicht den Platz über Holzstufen von beiden Seiten des Waldhangs.

Einmal im Jahr wird hier auch eine Maiandacht gefeiert. Eine Brücke führt über das Bächlein. (Foto: Fred Haller)

nem Hintermann und versuchte seinen Schritt so zu setzen, dass der Abstand immer wieder ein bisschen kürzer wurde. Reiter passte sich torkelnd seinem Anführer an. Er trottete ohnehin immer einen halben Schritt hinter Matzeder her. Die beiden gingen dicht nebeneinander, und auch das war ein wichtiges Detail des Plans. Ohne es zu sehen wusste Matzeder, dass der Gendarm jetzt keine zwei Meter mehr hinter ihnen war. Der Blick war auf Reiter gerichtet, der die Hände langsam sinken ließ und sich mit der Rechten das verletzte Auge abdeckte. Er spürte, wie der Gendarm die linke Hand vom Gewehrlauf nahm, um sich den Schweiß von der Stirn zu wischen. Das war der richtige Zeitpunkt zu handeln.

Alles ging jetzt blitzschnell. Ein kleiner seitlicher Tritt stellte dem Reiter ein Bein, der nicht reagieren konnte und vor dem Gendarmen zu Boden fiel. Erschrocken versuchte dieser sein Gewehr wieder richtig zu fassen und war für einen kurzen Moment abgelenkt. In Sekundenschnelle griff Matzeder nun in seine rechte Hosentasche, wo in der Innenseite des weiten Hosenbeins eine Ledermesserscheide eingenäht war. Er fasste den Holzgriff und zog das ungefähr 15 cm lange Messer heraus, sprang auf den Gendarmen zu, stieß zu und traf ihn in die rechte Bauchseite. Das Gewehr krachte ohne Ziel. Der zweite Stich in die Brust warf den Uniformierten zu Boden. Matzeder hielt das Messer mit beiden Händen und trieb es viele Male tief in den bald hilflosen Körper. Blut quoll aus dem Mund des Opfers – die Lunge war zerstochen – und mit weit aufgerissenen, dunklen Augen verstarb der Gendarm aus Simbach nach kurzer Zeit.

Schnell schleppten die Räuber den Toten vom Weg in den Wald, wo sie nicht gesehen werden konnten.

Obwohl Matzeder Jahre später den Tathergang zugab und aussagte, dass er zusammen mit Reiter den Gendarm in der Nähe ihres Verstecks am Kalten Brunn verscharrte hatte, wurde die Leiche nie gefunden. Eine aufwändige Suche nach den sterblichen Überresten blieb erfolglos.

***

Noch heute ist der Kalte Brunn ein versteckter mystischer Ort im Schabinger Holz. Der geschlängelte Graben zieht sich noch immer durch die Waldsenke. Heute führen einige Holzstufen mit einem einfachen Handlauf hinab, wo einst Reiter den Halt verlor und sich einen Zweig ins Auge rammte. Dort, wo das Versteck und Lager der Räuber war, ist jetzt ein einsamer Ort der Ruhe und des Gebets – dem Heiligen Bruder Konrad geweiht.

Einmal im Jahr wird am Kalten Brunn eine Maiandacht gefeiert.

Mangolding

Im Sommer 1848 wurden die Abordnungen der Gendarmen im Rottaler Raum nochmals verstärkt. Auch in Simbach war es für die Räuber ganz unmöglich geworden, noch unterzukommen. Wegen der Belohnung für die Ergreifung konnte man niemandem mehr trauen. Die Gendarmen streiften von einem Anwesen zum anderen und ließen keine Einöde aus. Matzeder und Reiter trafen sich von Zeit zu Zeit mit der Fanni, der geheimen Gespielin des Matzeders am Kalten Brunn, um die Lage zu besprechen. Sie konnten nicht mehr bleiben und beschlossen, über den Gäuboden hinaus weiter nach Norden zu gehen. Auch wollten sie sich trennen und erst in sechs Wochen in Straubing wieder aufeinandertreffen.

An einem frühen Nachmittag erreichte Matzeder den Weiler Mangolding. Ein Feldweg führte von Süden in die Ortschaft hinein, wo ausgedehnte Wiesen an die Höfe anschlossen. Hier war schlecht Deckung nehmen. An einem Marterl, keine 200 Meter vor dem ersten Hof, hockte er in einem Gerstenfeld und überlegte sein Vorgehen. Eigentlich wollte er an diesem Tag Regensburg erreichen, um für einige Zeit ein Stadterer zu werden, doch der Magen knurrte und die Aussicht auf einen baldigen Bauernschmaus stimmte ihn um. Wer weiß, wann er tatsächlich ankommen würde. Außerdem müsste er dann schnell ein Quartier finden. Lieber wollte er hier noch irgendwo in eine Speisekammer einsteigen und sich dann in einen Heustadel verkriechen. Zeitig am nächsten Morgen würde er dann schauen, dass er weiterkäme.

Nach Osten hin stand Gerste und anderes Korn. Halbhohes Strauchwerk trennte die kleinen Felder, sodass es leichter war, ungesehen herumzustreifen. Den großen Gebäuden nach zu urteilen, waren die Bauern hier nicht arm. Er schlich die mit Büschen und Stauden bewachsenen Ranken des Gerstenfeldes entlang, das auf der rechten Seite die Höfe umrahmte, bis er nach einem Dreiviertelkreis wieder auf die Wiesenflächen traf. Hier lag nun nach Westen ein etwas kleinerer Bauernhof mit einem alten Obstbaumgarten. Ein ideales Ziel. Die saubere Hofstelle und der umlaufende, schön geschnitzte Balkon deuteten auf gewissen Wohlstand hin. Aufgrund der Größe war allerdings nicht mit vielen Dienstleuten zu rechnen. Anders als in seiner niederbayerischen Heimat war hier das Gelände sehr flach, nur etwas außerhalb, vielleicht 500 Meter vom Ortsrand, erhob sich ein kreisrunder Buckel, auf dem ein alter ausladender Lindenbaum stand. Ungefähr eine halbe Stunde saß der Franz noch im Korn, bis er sich weiter an die Gebäude heranschlich. In den vor ihm liegenden Stadel wollte er einsteigen, dann das Treiben auf dem Hof beobachten und zur rechten Zeit rauben.

Doch hier hatte sich Matzeder gehörig verrechnet. So sehr er sich auch bemüht hatte, vorsichtig anzuschleichen – er wurde gesehen. Durch sein langes Beobachten in Lauerstellung war er natürlich besonders auffällig geworden. Urplötzlich hörte er das wilde Gebell eines Hundes. Er hatte schon den Obstgarten erreicht und hinter dem Stamm eines Walnussbaums Deckung genommen. Suchend sah er sich nach einer Waffe um – ein Stück Holz oder einen Stein konnte er nicht ausmachen. Am Schuppen waren Holzscheite aufgerichtet, aber die konnte er nicht mehr erreichen. Ein schwarzer Schäferhund hetzte kläffend auf ihn zu. Schnell griff Matzeder nach seinem Messer, das er stets bei sich trug. Um sich besser verteidigen zu können, sprang er wieder auf seine Beine und trat aus seiner Deckung. Vielleicht konnte er das Biest erschrecken; er brüllte laut. Doch der Hund stob unbeeindruckt auf ihn zu und setzte schon zum Sprung an. Drei Männer, mit Stecken bewaffnet, waren ebenfalls um den Schuppen gelaufen und ließen keinen Zweifel aufkommen, dass sie nicht zum »Grüß Gott«-Sagen kämen.

Schon verbiss sich der Hund am rechten Unterarm und Matzeder spürte mit einem stechenden Schmerz die spitzen Zähne. Sogleich verlor er die Spannung in seiner Faust und das Messer fiel ins fast kniehohe Gras. Er musste weg! Mit einem kräftigen Tritt konnte er das Tier für einen Moment abschütteln. Blitzschnell griff er sich seinen Rucksack beim Nussbaum, doch dann stolperte er, und der Hund hatte ihn schon wieder gepackt – diesmal am Stiefel. Er versuchte auf die Beine zu kommen, als ihn ein kräftiger Schlag auf die Schulter niederstreckte. Die Männer hatten ihn erreicht und schlugen nun zu dritt mit ihren Stecken auf ihn ein. Noch einmal wollte er ausbrechen, doch da traf ihn das harte Holz auf die rechte Wange. Es gab kein Entrinnen. Mit den Armen suchte er seinen Kopf zu schützen und kauerte sich auf den Boden.

»Hörts auf jetzt!«, hörte er dumpf eine alte Stimme keuchen.

Es war der Bauer, der seinen Knechten Einhalt gebot. Da ließen die Burschen endlich von ihm ab. Sein rechtes Ohr summte laut und schmerzte von dem Stockhieb, der ihn unglücklich getroffen hatte. Das Trommelfell war geplatzt. Nach einem kurzen Verhör, auf das Matzeder außer mit seinen finsteren, hasserfüllten Blicken keine Antwort gab, trieben ihn die Männer durch den Hof, dann auf den Feldweg, der vom Weiler hinausführte. Gleich hatte er es überstanden, so dachte er. Vor sich sah er wieder die runde Anhöhe mit dem alten Lindenbaum. Sie stießen ihn seitwärts über einen kleinen Pfad den Hügel hinauf zu einer Stelle, die er niemals mehr vergessen würde. Ein paar hundert Meter von den Höfen entfernt hatte man hier einen mächtigen Holzpflock von ungefähr 30 cm Durchmesser in die Erde gerammt. Ein guter Meter Höhe ragte heraus. Eine verrostete Kette hing daran. Sie stießen den Räuber zu Boden und banden ihn mit Stricken – die Arme hinter dem Rücken – daran fest.

»Ein Hund ghört anghängt, sonst beißt er die Leut«, witzelte einer der Knechte und dann ließen sie ihn einfach zurück.

Der Zorn stieg in dem Gebundenen hoch wie noch nie in seinem Leben. Er wurde geschlagen, gedemütigt und jetzt angekettet wie ein Hund, noch bevor er Unrechtes getan hatte. Er fühlte den mit Stöcken geschundenen Rücken und merkte die Taubheit seines rechten Ohrs, das blutverklebt heiß pochte. Welch ein Unrecht, welch eine

Schande. Diese Drecksbagage – das würden sie noch bitter bereuen. Er sann auf Rache. Wenn er erst wieder frei wäre, dann würde er sie kaltmachen, und bevor er diesen Ort verließe, würde er brennen. Doch noch war er der Verlierer, gefesselt und gefangen.

Der Sonne zugewandt saß er auf dem feuchten Grasboden. Mehr und mehr begannen seine Striemen zu brennen. Wie eine Gestalt durch dichten Nebel langsam näher tritt und erkennbar wird, so spürte er langsam die Schmerzen der Tortur anschwellen. Nach einiger Zeit wurde sein Geist ruhiger und er schlief ein.

Eine gute Stunde mag er wohl dort verharrt haben, als ihn plötzlich ein scharfes Hundegebell – das Tier stand nur wenige Meter von ihm entfernt – aufschrecken ließ. Er spürte, wie sich sein Herz verkrampfte, als er den Jagdhund an der Leine zerren sah. Auf die Hinterbeine gestellt, aber im sicheren Griff seines Herrn, wütete das Tier böse gegen den Räuber. In einiger Entfernung erkannte er jetzt auch noch weitere Schaulustige, die herausgekommen waren, um zu schauen. Drei Buben und ein älterer Mann, der sich auf einen Gehstock stützte, glotzten ihn an. Matzeder brummte der Schädel. Auf die Fragen, wer er sei und wo er herkäme, gab er keine Antwort. So vergingen die Stunden. Bis die Sonne tiefer hing, kamen nach und nach wohl alle Dörfler zum »Marterpfahl« heraus, um zu sehen, was hier für ein Rumtreiber an der Kette hing. Ein paarmal hatte er barsch nach seiner Freiheit verlangt, aber keiner hatte Erbarmen. Im Gegenteil! Die »gscherten Sauköpf« hatten ihren Spaß dabei, Matzeder zu verhöhnen. Kinder machten sich einen Spaß daraus, ihn als Zielscheibe zu verwenden, und warfen kleine Steine auf ihn. Als es dämmerte, wurde es wieder still um ihn. Der Grasboden wurde langsam feucht und kalt. Seit langem hatte er auch den starken Druck seiner Blase gespürt und konnte nun nicht mehr anders, als den Urin einfach laufen zu lassen. Immer wieder versuchte er, die Stricke abzustreifen, die Kette aus dem Holz zu reißen – vergebens. Wut und Verzweiflung über seine Ohnmacht wechselten sich ab. Er weinte. Wie würde er die Nacht aushalten? Was würde ihn weiter erwarten, würden ihn die Gendarmen holen?

Mitten in der Nacht wachte er auf und fror erbärmlich. Wieder jagten ihm viele Gedanken durch den Kopf und erstmals seit langer Zeit kam ihm der Herrgott in den Sinn. Mit klappernden Zähnen stotterte er ein Vaterunser, bis er beim Satz »... und vergib uns unsere Schuld« innehielt. Er erinnerte sich an die Gespräche mit dem Kooperator aus Simbach. Der hatte vergeblich versucht, ihn auf den rechten Weg zurückzuführen. Doch er hatte ja keine Wahl. Das rechtschaffene Leben kannte nur Hunger und Not. Das Räubern dagegen füllte den Bauch mit Speck und Bier. Und wenn es keine Ewigkeit gäbe, dann wär das Stehlen ohnehin das einzig Richtige. Was konnte er dafür, dass er als armer Häuslersohn auf die Welt gekommen war und Hunger leiden musste, während sich die Protzbauern und hohen Herrn vom Staat nur Gedanken machten, wie sie ihren Überfluss verwalten konnten. All der Wohlstand war nichts anderes als gestohlen. Als Taglöhner konnte man sich krummschuften, damit die Rindviecher der Großbauern mehr und mehr wurden. Was er sich nahm, war der Ausgleich und sein Recht. Diesmal aber hatte sich der Spieß umgedreht. Noch bevor er einen Kanten Brot nehmen konnte, war er geschlagen und gefangen genommen worden. Wenn die jetzt die Gendarmen holen würden, dann käme er für seine Verbrechen sein Lebtag nicht mehr aus dem Zuchthaus heraus. Die Angst, aber auch die Zweifel über seinen Lebenswandel, setzten ihm zu. Wär es denn auch jetzt noch möglich, ein neues Leben anzufangen? Vor dem Herrgott ist es möglich, so waren die Worte des Pfarrers. Weil Jesus für jede Schuld der Welt am Kreuz gestorben ist. Für jeden, der glaubt und sein Leben ändern will.

Er wusste es nicht, ob er sein Leben ändern konnte, ob er es ändern wollte, aber er hatte keine Wahl. Die Angst vor dem Zuchthaus, die Angst, an diesem Holzpfahl zu verrotten, ließ ihn wieder das Vaterunser ansetzen. Doch seine Gedanken kreisten und wieder blieb er im Gebet stecken: »... dein Wille geschehe, ...«

Dein Wille geschehe? Konnte es Gottes Wille sein – konnte es Gottes Strafe sein, dass der Matzeder hier erfrieren und vor Hunger und Durst sterben sollte? Ja, es konnte Gottes Wille sein, dieses Leben auszulöschen. Franz hatte nicht nur gestohlen um zu essen, er hatte gerauft, geraubt, auch vergewaltigt und getötet. Seine Schuld war übergroß geworden, und dafür sollte er in die Hölle fahren. Gott konnte sein Leben nehmen, um das Leben Unschuldiger zu schützen.

Die kühlen Stunden vergingen langsam und mit großer Pein. Auch der Morgen brachte keine Sonne, keine wärmenden Strahlen. Wolken hatten den Himmel überzogen, und es dauerte lange, bis es endlich wärmer wurde. Wieder kamen einige Leute aus dem Dorf, um schadenfroh ihren Hohn zu treiben. Keiner löste seine Fesseln, noch brachte einer einen Schluck Wasser. Am Nachmittag trieben wieder ein paar Lausbuben ihre Späße mit ihm. Sie rissen Gras ab, das sie über ihn warfen, bis plötzlich eine resolute Weiberstimme die »Fratzen« davonjagte. Die stämmige junge Frau schien ein Herz für den Gefangenen zu haben. Ohne Furcht trat sie heran und betrachtete die geschundene Gestalt.

»Dich habns ja sauber zugrichtet«, sagte sie mit einer ungewöhnlich tiefen Stimme.

»Magst was trinken?«

In einem Tonkrug hatte sie frisches Brunnenwasser herausgetragen. Matzeder soff gierig das frische Wasser und bettelte auch darum, losgebunden zu werden, doch das konnte die gute Frau nicht für ihn tun. Sie erzählte ihm, dass man hier schon öfter Herumtreiber angebunden hatte. Die Mangoldinger seien für ihre raue Selbstjustiz bekannt und gefürchtet, erzählte sie. Vor zwei Jahren war ein Bursch wie er aufgegriffen, geschlagen und hier angebunden worden. Am vierten Tag hatte er steif und tot am Holzpfahl gesessen. Seit dieser Zeit heißt der Platz hier »beim Schinderholz«.

Die lassen einen verrecken! Panisch flehte der Räuber darum, befreit zu werden.

»I kann jetzt nix für dich machn – aber vielleicht später!«, erwiderte sie und ging in den Ort zurück.

»Herrgott, lass mich nochmal auskommen … I möcht mein Lebn ändern, wenn du mich hier net verreckn lässt«, betete Matzeder.

Noch ein paarmal versuchte er sich loszureißen, doch er merkte selbst, wie seine Kräfte nachließen. Wenn er versuchte den Kettenring aus dem Holz zu reißen, schmerzte vor allem die Bisswunde am rechten Handgelenk, wo sich die Strickschlinge hineinschnitt. Er konnte nur noch hoffen, dass die Mangoldinger ihn auslassen würden. Es dämmerte wieder. Die Neugierigen waren gekommen und wieder abgezogen. Keinen Bissen Brot hatte er bekommen, nur Wasser. Furcht und Verzweiflung ließen keinen klaren Gedanken mehr zu. Mit geschlossenen Augen sprach er lautlos das Vaterunser.

Als es schon richtig dunkel wurde, hörte er nochmal schnelle Schritte über den Feldweg näherkommen. Angst stieg in ihm hoch und ließ seinen Mund trocken werden. Es war die junge Frau mit der tiefen Stimme.

»I lass dich jetzt aus – lauf weg und lass dich bei uns nimmer sehn!«, brummte sie leise.

Mit einem Messer schnitt sie die Stricke durch und lief sofort den Weg wieder zurück ins Dorf.

Starr von der langen Sitzfolter kam Matzeder gar nicht gleich auf die Beine. Er konnte nur ein »I dank dir!« hinterherrufen und war glücklich über diesen gnädigen Menschen. Gott sei Dank musste er nicht länger hier auf dem Boden sitzen. Mit lautem Stöhnen zog er sich langsam am Schinderholz hoch. Er musste schnell weg. Noch immer war er nicht in Sicherheit. Noch konnte jemand vom Dorf herüberkommen und ihn, so kraftlos wie er war, niederschlagen. Er humpelte auf den Weg. Auch wenn er jetzt kein Nachtquartier hatte, so konnte er gehen und sich mit Bewegung warmhalten. Absolut mittellos, den Rucksack hatten sie ihm abgenommen, lief er langsam an den Feldern entlang und fühlte sich erleichtert wie noch nie in seinem Leben.

Der Greilinger

Wenn der Marktflecken morgens zum Leben erwachte und mit dem Frühlingslicht die Geschäftigkeit zurückkehrte, kannte jeder seinen Platz. Das Vieh und der bäuerliche Jahresrhythmus bestimmten den Tagesplan. Auf den Straßen vernahm man die Geräusche der Handwerker. Hammerschläge, die eifrig auf glühendes Eisen und den Amboss einschlugen, Säge- und Hobelgeräusche aus der Einfahrt des Zimmerers und das Schaben aus den offenen Fenstern der Gerber.

Sobald die Stalltür knarrte und Blecheimer schepperten, wurde das Vieh ungeduldig und rief nach der Hand des Bauern oder Knechts, die das Grünfutter in den Holzbarren gabelte und Milch aus dem Euter molk. Nur an den Sonn- und Feiertagen ruhte die handwerkliche Arbeit, deshalb verstummten nach den notwendigen Stallarbeiten die gewohnten Werkzeugstimmen.

Doch was war nur los, dass am Sonntag, den 2. Mai 1847, die Viecher im Stall des Georg Greilinger noch immer brüllten, als die Nachbarn die Bergstraße hinaufgingen, um rechtzeitig zur Sonntagsmesse zu kommen. Aus dem Bett war der Alte wohl, denn die Haustür stand offen. Um den 65-jährigen Greilinger stand es gar nicht gut. Sein Eheweib hatte sich von einer Lungenentzündung nicht mehr erholt und war im Februar verstorben. Seitdem musste er alleine zurechtkommen. So gut es ging, versorgte er Haus und Hof, arbeitete von früh bis spät. Den Eheleuten waren keine eigenen Kinder geschenkt, deshalb war er nun wirklich allein. Die Kinderlosigkeit hatte ihn schon früher arg gegrämt und über die Zeit wurde er bitter und unfreundlich. Jetzt war es ganz aus. Einen rechten Lebenssinn verspürte der Witwer nicht mehr, trotzdem wollte er so lange wie möglich seinen kleinen Bauernbetrieb aufrechterhalten. Den Leuten ging er aus dem Weg, denn er wollte ihr Mitleid nicht. Und die Leute gingen ihm aus dem Weg, denn jeder musste schließlich mit seinem eigenen Los fertig werden. Gut möglich, dass er wieder versucht hatte, seinen Gram mit Schnaps zu vertreiben, die rechte Morgenstund verschlafen hatte und dann die Stallarbeit nicht verrichten konnte, weil schon die Kirchenglocken zur Messe riefen. Man würde ja gleich sehen, wie schlecht er beisammen wär und ob er eine Alkoholfahne trüge.

Der eigensinnige Witwer blieb der Heiligen Sonntagsmesse fern und in seinem Stall kehrte keine Ruhe ein.

Als am Montagmorgen eine aufmerksame Nachbarin das kleine Türl zu ihrem Stall öffnete, um die Hühner auszulassen, da bemerkte auch sie die Unruhe des Greilinger-Viehs. Sie rief ihren Mann heraus, was er davon hielte.

»Hörst dös, Xarre? Die Viecher beim Greilinger schrein heut schon so laut! Was wird denn da los sein?«

»Hm, i mein, jetzt muss i doch einmal nachschaun. Es ist mir gestern auf d'Nacht auch schon so fürkommen, als dass da etwas net stimmt!«

»Was könnt denn da net stimmen? Meinst, dass er krank ist?«

»Dös könnt scho sein! I klopf einmal an der Haustür, dann werd ichs schon hörn.«

»Soll i mitgehn?«

»Geh! Meinst, dass i mich vor ihm fürcht?«, entgegnete der Bauer ärgerlich.

»Dös net, aber vielleicht braucht er eine Hilf.«

»Dann kann i dich immer noch holn. Kümmer du dich um unser Sach, is gscheiter.«

Der Nachbar machte sich gleich auf und fand die Haustür offenstehend. Er schritt darauf zu und klopfte kräftig an den Türrahmen.

»Greilinger!« rief er in die dunkle Fletz des Wohnhauses, doch es kam keine Antwort. Der Nachbar ging über die Türschwelle hinein bis an die Holzstiege, die hinaufführte in die Kammern. »Greilinger, bist da?«, rief er nach oben, doch es blieb still. Das Haus wollte er nicht weiter durchsuchen, also ging er hinüber in den Stall, um dort nachzusehen, wo die Kühe noch immer lärmten.

***

Am Hausbrunnen pumpte die Bäuerin mit dem Handschwengel Wasser in einen Eimer, als Xaver, ihr Mann, in den Hof gelaufen kam.

»Frau! Ganz is aus, der Greilinger …!«, stieß er atemlos heraus.

»Was ist denn los, Xarre?«

»Der Greilinger, Frau! Der ist tot!«

»Jessas, Maria. Tot ist er, sagst?«

»Ja, tot ist er. Mein Gott, schaut der aus. I hab ihn in der Schupfn gfundn, den armen Deifl. I muss mich niedersetzen.«

»Da setz dich auf d'Bank her. Du bist ja käsweis! Im Stall sagst? Den wird der Schlag troffen habn.«

»Nein, Anni, den hat der Schlag net troffn. I kanns gar net sagn, wie es da ausschaut. Es ist alles voller Bluat.«

»Aus ist's! Was ist denn da nur gschehn?« Jetzt erst erschrak auch seine Frau und bekreuzigte sich.

»I weiß net. Aber es ist rundum so viel Bluat. I mein, dass er umbracht wordn ist.«

Gleich nachdem der Bauer seine Sinne ein wenig ordnen konnte, ging er hinauf zur Gendarmerie, um Hilfe zu holen. Die Polizei rückte an. Der arme Greilinger lag mit dem Gesicht nach unten und mit angezogenen Beinen im Schuppen, der dem Kuhstall vorgelagert war. Schon als sie ihn umdrehten, sahen die Gendarmen mehrere Stichverletzungen über den Körper verteilt, die sehr stark geblutet hatten. Sie brachten ihn ins Haus, um ihn in seiner Kammer zu lagern. Hier erschloss sich jedoch ein Bild der Verwüstung. Im oberen Geschoss waren Truhen aufgebrochen, der Hausrat durchwühlt und geraubt worden. Auch die Strohsäcke waren zerstochen. Ohne weitere Veränderungen vorzunehmen, legten sie eine Decke in sein Bett und legten ihn darauf. Ein Amtsarzt untersuchte die Leiche und protokollierte alle Merkmale genau.

Die traurige Nachricht verbreitete sich wie ein Lauffeuer und bald mutmaßte der ganze Ort über den Hergang des Verbrechens.

Obwohl die Simbacher Räuberbande zerschlagen war und Matzeder im Zuchthaus einsaß, könne es keine andere Möglichkeit geben. Matzeder wäre wohl aus dem Arrest ausgebrochen und triebe nun wieder sein Unwesen. Es wäre zweifellos eine Tat dieses Verbrechers. Nach einem Ausbruch wären die Räuber vogelfrei und ein Menschenleben hätte überhaupt keine Bedeutung mehr für diese brutalen Männer. Die Angst der vergangenen Jahre blickte aus vielen Gesichtern braver Bürger.

Matzeder. Der Matzeder war zurück!

Wochenlang erstarrte Simbach in Entsetzen und Angst, doch das Blatt wendete sich insoweit, als dass der Kommissär alsbald den Hergang des Mordes zweifelsfrei aufklären konnte.

Matzeder war zu diesem Zeitpunkt in sicherer Verwahrung des Zuchthauses Neudeck in München, und auch kein anderer von seinen Kumpanen war für den Tod von Georg Greilinger verantwortlich.

Genaue Berichte über den Tathergang und die Verurteilung des Täters erschienen in verschiedenen Zeitungen und informierten die Öffentlichkeit. Das Abensberger Wochenblatt schrieb wie folgt:

Erstes Schwurgericht für Niederbayern zu Straubing

Mathias Geigenberger, 43 Jahre alt, lediger Maurer aus Reisbach, königl. Landgericht Dingolfing, war angeklagt, in der Absicht, sich Geld zu verschaffen, den Häusler Georg Greilinger zu Simbach am 1. Mai 1847 ermordet zu haben.

Derselbe hat sein Verbrechen vollkommen einbekannt. Die Tatgeschichte ist folgende:

Der 65 Jahre alte Georg Greilinger, welcher sein im Markte Simbach am sogenannten Mühlweg gelegenes Haus nach dem Tode seiner Ehefrau einige Wochen ganz allein bewohnte und die Pflege seines Viehes selbst besorgte, wurde am Montag, den 3. Mai 1847, in seiner Holzschupfe, am Eingange zum Kuhstall tot gefunden. Der Leichnam lag am Boden vorwärts zusammengebeugt auf dem Gesichte, die linke Hand unter dem Leibe, die rechte rückwärts ausgestreckt, ringsum in der Streu zeigten sich Spuren heftiger Gegenwehr und bedeutende Blutlachen. Der Körper war 6 Schuh lang, muskulös und knochig, mit 16 Stich- und Schnittwunden am Kopf, Hals, Nacken, an der Schulter, der Brust und am Bauch bedeckt.

Aus den Totenflecken, der Steifheit der Gliedmaßen und anderen Kennzeichen entnahm man, dass der Tod schon wenigstens vor 36 Stunden eingetreten sein musste. Nach dem gerichtsärztlichen Gutachten war der Tod durch diese Wunden, von denen zwei in die Lunge eingedrungen waren, und die übrigen wichtige Blutgefäße am Hals und Nacken und die Gedärme bedeutend verletzten, unmittelbar und ausschließlich verursacht worden.

In der Wohnung des Getöteten fanden sich am Kleiderkasten und an drei Truhen Merkmale gewaltsamen Einbruchs, die darin gewesenen Gegenstände lagen zerstreut auf dem Boden, die Betten waren herausgerissen, die Strohsäcke durchwühlt. Augenscheinlich war also die Tötung in der Absicht zu entwenden verübt worden. Der Verdacht dieser Tat fiel sehr bald auf den schlecht beleumundeten Mathias Geigenberger, welcher sich zu jener Zeit in und um Simbach arbeitslos herumtrieb und in dem zunächst gelegenen Hause bei seinem Schwager einige Tage aufgehalten hatte. Derselbst wurde daher am 28. Mai 1847 verhaftet und legte im Laufe der Untersuchung und vor dem Schwurgerichtshofe ein unumwundenes Geständnis ab. Er hatte sich am Freitag, den 28. April, nach dem Genusse der Abendsuppe aus dem Hause seines Schwagers entfernt und in das nahe gelegene Holz begeben, wo er den Einbruch der Nacht abwartete. Um 9 Uhr kehrte er nach Simbach zurück und stieg durch ein offenes Fenster in die Schupfe des Greilinger, wo er auf einem Binsenhaufen übernachtete, in der Absicht, den Greilinger am anderen Morgen, wenn er in den Stall gehen wollte, umzubringen und sich seines Geldes zu bemächtigen.

Als nun am Samstage des 1. Mai, morgens nach 5 Uhr, Greilinger, eine Trankschüssel zum Viehfüttern in beiden Händen tragend, in die Schupfe eintrat, versetzte ihm Geigenberger, bevor jener ihn noch sehen konnte, und ohne ein Wort zu sprechen, sogleich mit seinem Messer mehrere Stiche in die Bauchgegend, sodass derselbe um Hilfe rufend zusammenstürzte. Da er jedoch noch lebte, so machte sich Mathias Geigenberger über ihn her und brachte ihm noch mehrere Stiche bei, bis er vollends verschied. Nachdem Ersterer sich von dem Tode des Letzteren überzeugt hatte, begab er sich in die Behausung, wo er die Türen, Truhen und den Kasten mit einer zuvor schon hierzu ausersehenen Hacke erbrach, und 7 Kronenthaler und eine Pistole entwendete, dann sich entfernte. Er ging hierauf nach Arnstorf, wo er das geraubte Geld zu verwenden begann. Die Pistole verkaufte er. Von dem Messer, mit welchem er die Tat ausführte, brach er später die Spitze absichtlich ab, und warf es dann selbst weg. Er bekannte in seinem Verhöre, es habe ihm davor gegraust. Es scheint, das Gewissen habe ihn damals schon beunruhigt. Bei seiner Verhaftung am 28. Mai bat er, als die Gendarmen ihn abführen wollten, seinen Vater um einen Rosenkranz, indem er äußerte: »In die Hölle mag ich doch nicht kommen.«

Das Geständnis des Mathias Geigenberger stimmt mit allen Umständen überein, erschien als vollkommen glaubwürdig und überzeugend. Die Geschworenen erkannten denselben deshalb des Verbrechens des mit Vorbedacht beschlossenen und mit Überlegung ausgeführten, in eigennütziger, diebischer Absicht begangenen Mordes für schuldig.

Nach dem bayerischen Strafgesetzbuche vom Jahre 1813 soll dieses Verbrechen mit geschärfter Todesstrafe belegt werden.

Die Strafschärfung, bestehend in halbstündiger Prangerstellung vor der Hinrichtung, erließ jedoch der Schwurgerichtshof, weil der Angeklagte einen unverschuldeten langen Untersuchungsarrest erlitten hatte.

Der Weger Schorsch

Georg Weger wurde im Jahre 1816 in Bachleiten bei Pleiskirchen geboren und wuchs mit weiteren neun Geschwistern in ärmlichen, aber durchaus geordneten Verhältnissen auf. Der Vater war Kleinhäusler, er arbeitete als Rechenmacher und in der Erntezeit als Tagelöhner bei den Bauern, um den Lebensunterhalt für seine große Familie zu verdienen. Die Mutter sorgte für die Kinderschar und kümmerte sich nebenbei um die Kleintiere, die zur bescheidenen Hofstelle gehörten. Sie hielten ein paar Ziegen, Hasen, Hühner und Enten. Da sie kaum Grund besaßen, bezogen sie Heu und Einstreu von den Bauern, bei denen Weger als Tagelöhner beschäftigt war. Die Wegers waren im Dorf trotz ihrer ärmlichen Verhältnisse als gute Christenmenschen und fleißige Arbeiter geachtet, da sie weder betteln mussten noch der Gemeindekasse zur Last fielen. Mit 14 Jahren durfte der jüngste Sohn Georg sogar eine Maurerlehre beginnen, die er mit großem Eifer antrat. Obwohl er in einem anständigen Haus aufwuchs und auch sehr christlich erzogen wurde, war er gewissen Verlockungen nie abgeneigt. Sein schwacher Charakter und sein mangelndes Durchsetzungsvermögen taten zusätzlich das Ihre, um ihn im Laufe der Zeit auf die schiefe Bahn zu führen. Immer wieder war er in Raufereien verwickelt und auch kleinerer Diebstähle wurde er verdächtigt, ohne dass man ihm diese hätte nachweisen können. Da Georgs Lehrmeister an ihm festhielt, konnte er die Lehre abschließen und auch einige Jahre als Geselle bei ihm arbeiten. Nebenbei hatte er auch von seinem Vater das Rechenmachen erlernt. Obwohl Georg ein guter Arbeiter war, fehlte es ihm an der erforderlichen Selbständigkeit. Es musste ihm immer gesagt werden, was zu tun war. Schon bald fiel dem Meister auf, dass, wann immer sich eine Gelegenheit bot, Georg dem Alkohol zugetan war und er soff, bis er sich nicht mehr unter Kontrolle hatte. Nachdem sein Vater gestorben war, übernahm er die Rechenmacherei, so konnte er im Sommer als Maurer und im Winter als Rechenmacher arbeiten. Das Schicksal meinte es gut mit dem jungen Weger, als er dem Kleinhäusler Hans Hinterleitner bei Reparaturarbeiten in seiner bescheidenen Hütte zur Hand ging und dabei die Tochter kennen und lieben lernte. Schon nach kurzer Zeit wurde im kleinen Kreis Hochzeit gefeiert und für Georg schien die Welt in Ordnung. Er hatte genug Arbeit, seine Frau erwartete das erste Kind und er fühlte zum ersten Mal so etwas wie ein Selbstwertgefühl, das ihn auf einer Wolke des Glücks schweben ließ. Doch das junge Glück währte nicht lange. Die Familie wohnte im Hause des oft murrenden Schwiegervaters. Mit jedem Jahr kam ein Kind hinzu, deshalb wurde es wieder schwieriger, die vielen Mäuler zu stopfen. Die Maureraufträge waren zurückgegangen, und so sah man Georg immer öfter in der Dorfwirtschaft sitzen, wo er das letzte Geld ließ. Er befand sich in einem Teufelskreis. Einerseits tat er alles Mögliche, um seine Familie zu ernähren, andererseits verfiel er immer mehr der Alkoholsucht, die das daheim dringend benötigte Geld verschlang. Wieder einmal saß er schon am Nachmittag im Wirtshaus zum Grünen Baum und hatte längst einige Halbe Dunkelbier über den Durst getrunken. Da er der einzige Gast war, saß der Wirt bei ihm am Tisch und hörte sich seine Sorgen an. Der Wirt, ein durchtriebener und skrupelloser Geselle, wusste längst, wo bei seinem Gast die Schwächen saßen, die er schamlos für seinen eigenen Vorteil nutzen wollte.

»Hör mal, Schorsch«, mit vorgehaltener Hand lehnte er sich zu ihm und brummte leise, »i wüsst da etwas, wie du leicht nebenbei Geld verdienen könntst.«

Weger zog interessiert die Augenbrauen hoch und sah den Wirt mit glänzenden Augen fragend an.

»Na ja – du hast doch einen Stutzen und kannst ganz guat damit umgehn, soweit i weiß?«

»Dös is gewiss! Wenn i etwas treffn will, dann treff i es auch«, gab Weger selbstsicher zurück.

»Aber um was ginge es jetzt da bei dem Gschäft und was könnt i da verdienen?«

Er blinzelte erwartungsvoll.

»Dös is eigentlich ganz einfach. I kenn da einen großn Wirt in Eggenfeldn drinnen, mit dem könnt man guate Geschäfte machen. Der is allerweil auf billigs Wildbret aus, verstehst mi? Der zahlt bar und kann gleich alle sechs Wochen ein Reh oder einen Bock brauchn, auch Hasn und Rebhennen nimmt er ab, wenn dir zufällig etwas vor deine Büchsn läuft!«

Als der Zecher sein Gesicht etwas verzog und nach einer Antwort suchte, legte der Wirt nach: »Glaubst net auch, dass es dir und deiner Bagage besser erginge mit dem Lohn und ab und zu einem Stückl Wild aufn eignen Tisch?«

Das überzeugte nun auch den Schorsch und er sagte zu.

»Warum sollt des Wild nur den Herrschaftn da oben ghörn? Wir armen Säu können Hunger leidn und uns für einen Hungerlohn den Buckel krumm schuften«, so Weger schließlich.

»Recht hast, Schorsch!«, prostete ihm der Wirt zu und schenkte gleich noch eine neue Halbe Bier ein.

»Du kannst ja bei mir anschreibn lassn. Jetzt, wo wir Gschäftspartner sind, spielt dös keine Rolln mehr. Wir verrechnen alles mit der Ware, die du hoffentlich bald lieferst!«

Bevor der neue Wildschütz sich alsbald mit wackeligen Beinen heimwärts machte, fauchte ihn der Wirt aber noch drohend an: »Aber eins muss klar sei: Wenn du dich erwischn lässt, dann weiß i von nix!«

Als Weger an diesem Abend noch lange wach im Bett lag, schwirrten ihm die Gedanken durch den Kopf. Sollte er es wagen? Sollte er ein Wilderer werden? An den Gedanken musste er sich erst noch gewöhnen. Diebstahl ja, aber Wildern?

War er dazu in der Lage und überhaupt, man hatte schon so manchen Wilderer erschossen, oder zumindest lange Jahre in Kettenhaft gelegt. Andererseits konnte er seiner Familie ein besseres Leben ohne Hunger und Not bieten.

Sein Entschluss stand schnell fest: Schon am nächsten Sonntagmorgen wollte er mit seinem Stutzen ins nahegelegene Schwalbenberger Holz gehen und die Sache einmal auskundschaften. Das besagte Waldstück war nur von Einödhöfen umgeben, es war abgelegen, und Wild würde es da auch genug geben. Und überhaupt, so dachte er sich, er tat es aus der Not heraus wie schon viele vor ihm, und es gab ja auch eine Zeit, da war es erlaubt, für den Eigengebrauch zu jagen. So entschuldigte er sein schlechtes Gewissen.

Ursprünglich hatten alle freien Germanen das Recht zu jagen. Dieses wurde auch noch bis weit ins Mittelalter nicht angetastet und so durfte jeder Bürger, vornehmlich die Bauern, jagen, um entweder ihren Viehbestand oder ihren Grund vor Wildschaden zu verteidigen, oder um sich Nahrung zu verschaffen. Doch mit der immer weiter steigenden Abhängigkeit der Bauern von ihren Landesherren einerseits, sowie der steigenden Besitzergreifung von freien Ländereien durch den Adel andererseits, wurde dieses Recht mehr und mehr ausgehöhlt. Als der Adel damit begann, die Jagd als eine sportliche Herausforderung und als vergnüglichen Zeitvertreib zu verstehen, wurde den Bürgern schließlich das Recht zur Jagd entzogen und unter Strafe gestellt, die teilweise unmenschliche Ausmaße annahm. Gleichzeitig übernahmen Forstbeamte oder durch den Landesherrn legitimierte Personen den Schutz, die Pflege sowie die Überwachung des Jagdreviers. Alle illegalen Jäger bezeichnete man fortan als Wilderer und verfolgte sie wie Verbrecher, da sie das Eigentum der Landherren antasteten. Zwar wurde mit der Revolution 1848 auch das Jagdprivileg des Adels abgeschafft, doch das Wildern blieb fortan eine Straftat.

Es darf trotz aller verklärender Wildschützromantik nicht verkannt werden, dass Wilderer oft schlimme Verbrecher waren, denen ein Menschenleben wenig bedeutete. Davon zeugen die vielen aktenkundigen Fälle von ermordeten Förstern und Jagdaufsehern.

Es dämmerte noch und der Reif der Nacht lag auf den Wiesen, als Weger sich, mit seinem Stutzen unter der Jacke versteckt, über den steinigen schmalen Kirchenweg von Bachleiten auf den Weg Richtung Pleiskirchen machte, um dann nordwärts in Richtung Höll zum Schwalbenberger Holz zu marschieren. Er war in Eile, da bei Tagesanbruch die ersten Bauern entweder zu Fuß oder mit ihren Gespannen unterwegs zur Frühmesse sein würden und er sicher Probleme gehabt hätte, den neugierigen Bauern zu erklären, was er um diese Zeit hier draußen zu suchen hätte. Kaum war das weitgezogene Schwalbenberger Holz in Sichtweite, da hörte er auch schon das Erstläuten der Kirchenglocken aus Nonnberg und ebenso im Rücken das Geläut aus Pleiskirchen. Mittlerweile fanden auch die ersten Sonnenstrahlen den Weg durch die sich leicht öffnende Wolkendecke und einzelne Nebelschwaden durchzogen noch die Landschaft. Der Wildschütz hatte ein sonderbares, ihm bisher nicht bekanntes Gefühl, als er den noch finsteren, fast unheimlich wirkenden Wald betrat. Er fühlte sich plötzlich von allen Seiten beobachtet. Eine unheimliche Stille lag in dem Wald, die nur durch das Knacken der dürren Äste und ein paar Mal durch den Schrei eines Eichelhähers unterbrochen wurde. Er verspürte den Unterschied, dass er nicht zum Schwammerlsuchen, sondern zum Wildern den Wald betrat. Doch wenn er die Geldsorgen in der Familie lindern wollte, dann blieb ihm keine andere Wahl. Ob das Wildern nun der richtige oder der falsche Weg war, das konnte und wollte er nicht beurteilen. Für ihn gab es nur diesen Weg. Auf einer Anhöhe, die ihm gute Übersicht bot, legte er sich auf die Lauer. Er hatte großes Glück. Nach nur einer halben Stunde hörte er ein leises Knacken aus dem vor ihm liegenden Unterholz und ein junger Rehbock trat auf die kleine Lichtung. Der Wind stand für den Wilderer günstig, so dass er in aller Ruhe seinen Stutzen, den er schon schussbereit in den Händen hielt, anlegen und mit einem gezielten Schuss den Rehbock erlegen konnte. Für einen kurzen Augenblick war die Stille des Waldes durch das Krachen aus dem Gewehr jäh unterbrochen. Der Bock fiel tödlich getroffen sogleich zu Boden. Der Schütze zog ihn ins Dickicht und brach ihn auf. Er versteckte ihn unter Laub und Zweigen, um ihn bei Nacht und Nebel nach Hause zu holen. Auf Umwegen, um nicht gesehen zu werden, trat der Wildschütz frohgelaunt seinen Heimweg an. Das Ganze sollte sich in den nächsten Monaten, mit mal mehr und mal weniger Glück, wiederholen. Mit dem Wildererlohn und ab und zu einem Braten auf dem eigenen Tisch ließ es sich fortan gut leben. Natürlich war es aber nur eine Frage der Zeit, bis Bauern und Jäger auf das Krachen des Gewehres zu dieser ungewöhnlichen Zeit aufmerksam wurden. In den Wirtshausgesprächen und beim Kirchentratsch erhärtete sich der Verdacht, es müsse ein Wilderer sein Unwesen treiben. Bald streifte auch der Jäger am Sonntagmorgen durch Wald und Flur und ein Gendarm patrouillierte gelegentlich auf den Weg, die zu den umliegenden Waldstücken führten. Dieser Umstand blieb Weger nicht verborgen und er wusste, dass nun noch mehr Vorsicht nötig war, um weiterhin ungeschoren davonzukommen. Und so kam der Tag, an dem ihn das Glück verließ. Entweder war es die unstillbare Gier nach immer mehr oder es war unglaublicher Leichtsinn, der ihn am helllichten Tag zum Wildern gehen ließ. Schon auf dem Weg ins Schwalbenberger Holz wurde er von Forstmeister Huber aus Pleiskirchen verfolgt, den die Unbekümmertheit des Burschen selbst überraschte. Im Wald angekommen, legte sich der Wildschütz auf die Lauer und wieder wähnte er sich im Glück, als ihm in guter Entfernung ein Reh vor die Flinte trat. Ohne zu zögern legte er an und streckte mit einem gezielten Schuss das Tier nieder. Doch diesmal wurde er abgepasst.

»Wirf das Gwehr weg und heb die Händ hoch, du Lump!«, schrie da plötzlich eine drohende, zu allem entschlossene Stimme.

Völlig überrascht von dieser aussichtslosen Lage, fügte sich der Wilderer und warf seine Waffe zur Seite.

»Dreh dich langsam um und mach ja keine Zickn, sonst bist ein toter Mann!«

Als sich die beiden gegenüberstanden, versuchte Weger seine Tat durch die Notlage seiner Familie zu entschuldigen.

»Dös kannst den Gendarmen und dem Gericht in Eggenfelden erklären, net mir«, erwiderte der Förster.

»Ein paar Jahr Gefängnis werdns dir schon aufbrummen für die Dummheit, die du dir da gleistet hast.«

Als der Weger das hörte, verfinsterten sich seine Gedanken: »Ins Gfängnis geh i net – eher bring i dich um.«

Schon stürzte er sich auf den Förster, der während des Gesprächs etwas unvorsichtig geworden war. Völlig überrascht von dem Angriff fiel dem Förster bei dem Gerangel zwar das Gewehr aus den Händen, doch da er der Stärkere von beiden war, gelang es ihm, den Wilderer zu überwältigen und ihm die Hände zu fesseln. Er brachte ihn ins Forsthaus nach Pleiskirchen und übergab ihn der Gendarmerie, die ihn ins Untersuchungsgefängnis überstellte. Das Gericht befand Weger der Wilderei in mehreren Fällen für schuldig und verurteilte ihn zu 4 Jahren Arbeitsdienst.

Mord auf Höll

Na, jetzt gib net gar so an!«, bremste der Altersberger seinen Begleiter, den Bichlmaier Lorenz, der ganz aufgedreht war nach seinem ersten richtigen Viehhandel. In Pleiskirchen war Rossmarkt. Der junge Lorenz hatte an diesem Morgen in Begleitung des befreundeten Bauern eine dreijährige Stute von Wollersdorf herabgeführt und nicht ungeschickt verhandelt, letztlich den Heiter für 160 Gulden verkauft. Ein guter Preis war das sicher, zumindest nicht unter Wert. Viele Ratschläge bekam er von den Alten zu Hause mit auf den Weg. Den Vater und auch die älteren Brüder hatte er zwar schon oft begleitet, wenn in Pleiskirchen oder Neumarkt Vieh gehandelt wurde, doch diesmal machte er es zum ersten Mal alleine. Der Altersberger stand natürlich zur Seite, und sein, je nach Gesprächsverlauf, zweifelndes Brummen oder zustimmendes Nicken war schon eine Stütze gewesen.

Lorenz war mit 23 Jahren der jüngste der sechs Söhne auf dem stattlichen Vierseithof in Wollersdorf. Das rechte Geschick für die Landarbeit stellte er fleißig unter Beweis, wenn auch die Rösser im Besonderen seine wirkliche Leidenschaft waren.

Jetzt ließen sich die beiden im Wirtshaus eine deftige Brotzeit schmecken. Die urige, in Gewölben gemauerte Gaststube war nach diesem Markttag natürlich voll besetzt. Viele Bauern und Viehhändler saßen an den massiven Holztischen zusammen und diskutierten ihre Geschäfte.

An einem kleineren Tisch, den der Wirt noch zusätzlich hereingestellt hatte, saßen drei Burschen, die interessiert die Ohren spitzten. Grad für solche Geschichten, wer heut erfolgreich verkauft und ein Sackl Geld heimtragen würde, interessierten sie sich besonders. In der dampfenden Gaststube fielen sie nicht auf. Viele bekannte, aber auch unbekannte Gesichter hockten an den Tischen. Diesmal hatte sich zu

Matzeder und Reiter ein weiterer »Halbseidener« gesellt, der in Bachleiten, unmittelbar südlich von Pleiskirchen, zu Hause war.

Der Weger Schorsch. Der bestritt seinen Lebensunterhalt mit Gelegenheitsarbeiten ohne feste Anstellung. Ein rechtes Kreuz war es halt, die Familie fortzubringen, wenn einem zum Geldverdienen die Wintermonate als Maurer ganz abgingen, und auch übers Jahr viele Wochen ohne Arbeit waren. Er hatte deshalb nebenbei das Rechenmachen erlernt und machte damit kleine Geschäfte. Neben seiner redlichen Arbeit verführte den Weger eine gewisse kriminelle Neigung immer wieder zu kleineren Delikten. Gelegenheit macht Diebe, und Gelegenheiten ergaben sich für ihn dann und wann. Kaum eine Baustelle, wo nicht Material abgezweigt werden konnte. Wenn er auf Bauernhöfen arbeitete, fand er Wege in die Wohnhäuser und steckte manche Wertsachen ein. Kaum eine Rauferei in Pleiskirchen, wo er nicht kräftig mitmischte. Und jetzt war er auf die Richtigen gestoßen. Mit den Matzöder Räubern trieb er sich schon tagelang herum. Die beiden Gesellen erzählten vom freien Leben ohne Mühsal. Leicht sei das Nehmen von den Reichen, die ja auch nichts Besseres seien und die schließlich auf Kosten der krummen Buckel der Taglöhner ihre Bäuche füllten. Da braucht einen die Moral nicht anklagen. Ganz im Gegenteil!

»Dös kann net sein, dass die Protzbauern alles zammruachn und die Kleinen bleibn auf der Streck!«, so der Matzeder, und dem Weger sprach er damit aus der Seele.

»Wer's Sach sieht und net nimmt, der ist selber schuld!«

Gerade beim Bichlmaier waren sie mit diesen Ansichten an der richtigen Adresse. Auf 80 Tagwerk stand der Besitz und »Fressen und Saufen« war im Überfluss.

Das Geld aus dem Rosshandel sollte ihre Beute sein. Weger kannte den Heimweg der zwei Bauern nach Nonnberg und Wollersdorf genau. Sie steckten die Köpfe zusammen und besprachen ihren skrupellosen Plan. Jeder in der Stube hätte an den finsteren Mienen der Räuber ablesen können, dass diese nichts Gutes im Schilde führten, aber wer sollte davon Notiz nehmen?

Gegen 8 Uhr abends verließen sie das Wirtshaus. Es war bereits richtig dunkel. Kurz nach Pleiskirchen gingen sie erst zum Haus von Weger. Jetzt waren sie richtig bewaffnet: Der Schorsch hatte seinen Schrotstutzen geholt, der Matzeder hatte eine Pistole einstecken und der Reiter Franz sein Messer.

»Auf der Höll müssns bluatn!«, hatte der Matzeder makaber ausgerufen.

Höll ist eine kleine Ansiedlung, ungefähr eine Dreiviertelstunde Gehzeit von Pleiskirchen entfernt. Auf einer leichten Anhöhe steht ein Wirtshaus mit dem Namen »Auf der Höll«, hier sollte der Überfall stattfinden.

Unweit dieses Wirtshauses, im Schwalbenberger Holz, wurde der Überfall ausgeführt. (Foto: Fred Haller)

Ein paar hundert Meter vom Wirtshaus entfernt lag das Schwalbenberger Holz, durch das sich die Feldstraße schlängelte. Dies war ein idealer Ort, um sich hinter den Bäumen zu verbergen und sich dann auf die unbedachten Heimkehrer zu stürzen. Der Mondschein ließ den Waldweg einigermaßen erkennen.

Die Räuber hatten nicht damit gerechnet, dass den beiden Bauern noch lange nicht nach Heimgehen war. Bis Mitternacht zechten sie fröhlich und machten sich erst dann auf den Weg. Währenddessen standen die Räuber zusammen, erst fröhlich und sich Mut zusprechend, später schimpfend und ungeduldig – wurde die Warterei doch allmählich lang und kalt.

»Is schon recht, wenns eine richtige Wut kriegen«, dachte der Matzeder bei sich, »umso härter werdens hernach hinlangen, wenn die zwei endlich daherkommen.«

Um Viertel vor eins – die Räuber hatten sich zu dieser Stunde nicht mehr viel zu sagen – hörten sie plötzlich Stimmen. Es waren tatsächlich die zwei Gestalten, die sie erwarteten. Sofort war die Konzentration wieder übergroß. Der Weger horchte nach den Stimmen und flüsterte dann seinen Kumpanen zu: »Dös sinds!«

Vereinbart war, die beiden erst vorbeigehen zu lassen, damit man sich auch wirklich über die Identität sicher wäre. Von hinten konnte man sie außerdem besser angreifen.

»Halt!« schrie Reiter aus wenigen Metern Entfernung und sprang auf den Weg.

Erschrocken drehte sich Lorenz Bichlmaier um und in diesem Moment knallte die Flinte, dass es nur so widerhallte. Reiter, der den Schuss abgegeben hatte, stand in einer weißen Rauchwolke. Er war in dieser Anspannung selbst so gefangen, dass er sich nicht mehr bewegen konnte.

Geistesgegenwärtig fuhr jetzt der Altersberger herum und wollte davonlaufen – da knallte es erneut. Eine Kugel aus der Pistole traf ihn in den Rücken. Ein kurzer Aufschrei über den stechenden Schmerz, aber dann lief er weiter und sprang rechts vom Weg ins Holz. Das Herz pochte ihm zum Zerspringen und nach nur wenigen Metern stolperte er im Dornengestrüpp. Gerade als er sich wieder aufrichten konnte, hatte ihn einer der Räuber erreicht und schlug ihn mit einem Holzprügel nieder. Er kniete sich auf die Brust seines Opfers und schrie: »Gibs Geld her!«

Der Altersberger flehte um sein Leben, während ihm sein Geldgurt vom Leib geschnitten wurde.

»Tot musst werdn, da hilft nix!«, entgegnete kalt der Räuber.

Eine unbeschreibliche Tortur begann. Der Peiniger stach mit einem Messer immer und immer wieder zu und traf sein Opfer am Kopf, in die Brust und am linken Oberarm. Doch die Verletzungen waren noch nicht tödlich. Das Wimmern und Jammern hörte nicht auf. Da schrie ein anderer vom Weg her:

»Schneid ihm die Gurgl ab, dem Hund!«

Der Altersberger zog den Kopf ein, drückte das Kinn auf den Hals und so schnitt ihm die Klinge über das Kinn. Endlich verlor er das Bewusstsein. Der Räuber war nun im Glauben, dass er den armen Bauern umgebracht hätte und ließ von ihm ab.

Wie lange der Altersberger gelegen hatte, wusste er nicht. Er öffnete die Augen und nahm wahr, dass er auf dem eiskalten Waldboden lag. War das Wirklichkeit, was er gerade geträumt hatte? Er wurde überfallen und niedergestochen. Er neigte den Kopf zur Seite und fühlte sogleich schmerzlich die Spannungen seiner Schnittverletzungen. Auch das Atmen tat weh. Eine unbeschreibliche Enge drückte ihm bei jedem Atemzug die Luft ab. Trotzdem wollte er aufstehen. Die Schmerzen waren gar nicht mehr zuzuordnen. Der ganze Körper schien zerstochen. Er kam auf die Beine, doch hatte er Schwierigkeiten, das Gleichgewicht zu halten. Trotz der Dunkelheit erkannte er die Waldstraße und steuerte darauf zu. Wenige Meter schleppte er sich auf den Weg, dann trugen ihn seine Beine nicht mehr. In einem Moment spürte er den Kopf aufschlagen – ein heller Blitz in seinen Augenhöhlen, dann war es wieder schwarz und still.

Am frühen Morgen, ungefähr um 5 Uhr, fand der Bauer von Schwalbenberg den Altersberger auf dem Forstweg liegen. Der Mann lebte noch und kam kurz zu sich. Für Lorenz Bichlmaier, der keine 100 Meter entfernt auf dem mit eisigem Reif überzogenen Waldboden lag, gab es keine Rettung mehr. Wie die medizinische Untersuchung ergab, hatte eine Ladung aus Schrot und gehacktem Blei die Leber und eine Niere zerfetzt. Er musste sehr schnell nach der lebensgefährlichen Verletzung verstorben sein. Ebenso wie dem Altersberger waren ihm Bargeld und seine Sackuhr abgenommen worden.

Mit einer Pferdekutsche brachte der Schwalbenberger den Schwerverletzten auf seinen Hof nach Nonnberg. Viele Gebetsstunden und die medizinische Versorgung durch einen Arzt, den man extra aus Eggenfelden herholte, konnten das Leben des braven Bauern Altersberger retten. Erst nach mehreren Wochen war er in der Lage, vom Krankenbett aufzustehen. Das erlittene Trauma haftete ihm viele Jahre an. Allerdings hatte er trotz der Dunkelheit Weger als einen der Räuber erkannt und konnte der Gendarmerie entsprechende Auskünfte geben.

Als Weger Anfang April 1849 festgenommen wurde, leistete er keinen Widerstand. Über den Verbleib der beiden Räuber Matzeder und Reiter konnte er allerdings keine Aussagen machen. Sie waren weiterhin flüchtig.

Leichenzug

Am Samstag, den 31. März, im Jahre 1849 rief schon kurz nach Sonnenaufgang die Totenglocke vom Gottesacker in Nonnberg, der sich vom Dorfwirtshaus abwärts ein Stück den Hang hinab erstreckte und mit seinen Kreuzen über das weite offene Land schaute. Ein leichter Ostwind trug das traurige Lied des hellen Geläuts bis zum Bichlmaierhof nach Wollersdorf. Aus dem Geräteschuppen des Pfarrhofes zog man den Leichenwagen; zwei Pferde wurden vorgespannt und auf dem freien Platz vor dem Dorfwirtshaus versammelten sich alte und junge Dorfbewohner, allesamt in schwarzer Kleidung in kleinen Gruppen, um das Unfassbare zu beschwatzen. Ungeheures war in der sonst so ruhigen und von Verbrechen verschonten Gegend nahe der Kreisstadt Eggenfelden geschehen. Der junge Mann, den man zu überführen hatte, war der Bauerssohn Lorenz Bichlmaier, der als jüngstes Kind des Großbauern Hans Bichlmaier von Wollersdorf in der Nacht zum 28. März auf brutale Weise ermordet wurde. Besonders traurig an diesem Unglück war zudem, dass Lorenz Bichlmaier kurz vor der Hochzeit mit seiner Braut Kreszentia vom Berglehnerhof bei Massing stand. Noch am Tage vor seinem furchtbaren Tod sah man die beiden in Gangkofener Geschäften bei Hochzeitseinkäufen.

Für die Menschen aus Nonnberg und Umgebung, die sich auf dem Dorfplatz zum Leichenzug versammelt hatten, waren die Geschehnisse noch gar nicht begreifbar, und so werden wohl manche Wahrheiten, aber auch allerhand Mutmaßungen verstreut worden sein. Der eine berief sich auf seine guten Kontakte zum Bichlmaierhof und wollte gehört haben, dass die Räuberbande schon hinter Schloss und Riegel saß, ein anderer behauptete, acht Räuber seien es gewesen und allesamt flüchtig. Ein Dritter war sich sicher, dass der Bauer Franz Altersberger, welcher in Begleitung von Lorenz Bichlmaier war, mittlerweile auch seinen schweren Verletzungen erlegen wäre, aber einen der Täter erkannt und den Gendarmen eine gute Beschreibung gegeben hätte. Endlich erschien der Herr Pfarrer auf dem Platz. Die Trauergemeinde ordnete sich und der Trauerzug bewegte sich unter dem Geläut der Dorfkirche in Richtung Wollersdorf. Der Leichenwagen humpelte auf dem holprigen Feldweg, der sich in einigen Kehren durch die leicht hügelige Landschaft zog. Unter dem Wechselgebet zwischen Vorbeter und Trauergemeinde erreichte die Gesellschaft nach ungefähr einem Kilometer Fußweg den Bichlmaierhof. Hier zerstreute man sich abermals auf dem großen Hof in kleine Gruppen, um die ganze Trauerprozedur, die sich hauptsächlich im Haus abspielte, abzuwarten. Der Leichnam wurde im großen Zimmer, welches das schönste in dem wohlhabend eingerichteten Haus war, aufgebahrt. Da sich die Nachricht vom jähen Tod des Sohnes in der Umgebung und bei der Verwandtschaft schnell herumgesprochen hatte, kamen viele schon vor zwei Tagen am Abend zum »Wachten«. Jeder, der kam, ging zu dem Verstorbenen, besprengte ihn mit Weihwasser, betete kurz und ging dann in die große Stube zum Rosenkranzgebet. Die Leute, die gekommen waren, bewirtete man mit Brot und Bier. Um Mitternacht verließen alle Wachter, Männer und Frauen, das Haus. Schon kurz nach dem Tod legte der Pfarrer den Beerdigungstermin fest und die »Leichenbitterin« ging in den umliegenden Ortschaften von Haus zu Haus, um den Leuten einzusagen: »Beim Bichlmaier in Wollersdorf lassens bittn, zu der Leich am Samstag um 9 Uhr vom Haus aus!«

Im Haus sammelte sich viel Verwandtschaft, und der Pfarrer musste sich mit seinen Ministranten einen Weg zu dem aufgebahrten Toten bahnen, um ihn »auszusegnen«. Dann wurde der Sarg von den Sargträgern nach draußen getragen und in den Leichenwagen geschoben. Behäbig setzte sich der Trauerzug wieder in Bewegung. Allen voran der Totengräber mit dem Kreuz, gefolgt vom Pfarrer und den Ministranten, die angehörige Familie und nahe Verwandtschaft hinter dem Leichengespann, dann die restliche Trauergemeinde, die abwechselnd in das Rosenkranzgebet einstimmte. Eine kleine Blasmusikgruppe hob ein paarmal zum Trauermarsch an. Mit dem Erreichen des Ortseingangs grüßten die Glocken der Pfarrkirche. Der Sarg wurde nun wieder von den vier Trägern vom Wagen gezogen und zu Fuß an die Familiengrabstätte getragen. An der Grube setzte ein Wechselgesang zwischen Pfarrer und Chor ein, die Blasmusikanten spielten noch ein Trauerlied und nach kurzen Gebeten trug der Geistliche seine vorbereitete Grabrede vor. In dieser Ansprache erfuhren die Trauergäste nicht nur den Lebenslauf des Verstorbenen, sondern auch sein Wirken und Mühen für die Familie und die Nächsten. Es wurden die guten Seiten hervorgehoben und zur Nachahmung aufgefordert. Nach der Beerdigung überreichte der Pfarrer die Grabrede den trauernden Eltern. Während die Angehörigen noch am offenen Grab standen, Weihwasser auf den Sarg sprengten, läuteten die Glocken zum Gottesdienst. Zu einer großen Beerdigung gehörten mindestens zwei Ämter und einige Beimessen. In der Kirche war die Tumba, ein mit immergrünen Pflanzen geschmückter leerer Sarg, aufgestellt. Mit einem Glockengeläut des Ministranten begann das »Opfergehn«. Jeder Trauergast stellte sich bei einer der beiden Reihen zum Kommuniongitter an, legte Geld – meistens einen Kreuzer – in die Schale und kehrte zu seinem Platz zurück. Nach dem Gottesdienst, der eine gute Stunde gedauert hatte, begaben sich die Verwandten, Träger, Geistlichen, Vereinsabordnungen und Nachbarn ins Wirtshaus zur »Gremeß«, dem Leichenmahl. Die Leichenfrau sagte schon am Grab an, wer dazu eingeladen war. Wie groß die Gremeß gehalten wurde, bestimmte der Besitzstand des Verstorbenen oder die Größe des Bauernhofes. Da der Trauerfall viele Verwandte und Bekannte zusammenbrachte, gab es natürlich viel zu erzählen.

Zur Überraschung aller erhob sich der Bürgermeister und teilte den anwesenden Trauergästen mit, er habe erfahren, dass der Begleiter von Lorenz Bichlmaier, der Bauer Franz Altersberger, den Überfall schwer verletzt überstanden und Georg Weger aus Bachleiten als einen der Raubmörder erkannt hatte. Weger sei daraufhin heute Morgen von der Gendarmerie verhaftet und nach Eggenfelden in Untersuchungshaft gebracht worden. Weiter wollte er in Erfahrung gebracht haben, dass Weger bereits ein Geständnis abgelegt und seine beiden Mordkumpane, Franz Reiter und Franz Matzeder, verraten habe. Die beiden seien aber noch flüchtig.

Da ging natürlich ein aufgeregtes Raunen durch die Trauergesellschaft, und viele hätten es ja schon immer gewusst, dass der Weger Schorsch ein Lump und seit Jahren durch Raufereien, Diebstähle und Wilderei arg in Verruf geraten sei. Aber einen Raubmord, so meinten viele, habe man ihm dann doch nicht zugetraut. Nach Stunden des Beisammenseins endete die Gremeß und man verabschiedete sich, um eiligst nach Hause zu kommen, wo die neuesten Erkenntnisse vom Mord an Lorenz Bichlmaier schon erwartet wurden.

Jetzt hat's euch!

Die Wirtin stellte zwei Steinkrüge vor die beiden fremden Gäste auf den Holztisch. Ungeduldig ergriff Reiter den grauen Steinzeughenkel und führte das schaumlose Bier zum Mund. Er soff mit dem ersten Zug mehr als die Hälfte aus dem Halbliterhumpen. Das schmeckte! An diesen letzten Tagen im Mai 1849 schien die Sonne schon fast so heiß wie im Hochsommer. Jetzt machten sie Rast von ihrer Wanderung. Nur wenige Gäste saßen an diesem Abend in der Gaststube. Drei wortkarge ältere Herren, von denen einer ihre Ecke mit seiner weiß qualmenden Tabakspfeife einnebelte, hielten am Stammtisch die Stellung. Alle drei schielten auf die unbekannten Gestalten herüber, und Franz Matzeder spürte die Augen in seinem Rücken. Er hasste das. Angeglotzt zu werden ließ ihn immer aggressiv werden. Nicht selten hatte er einen dieser Gaffer an der Gurgel gepackt. Er strich sich über den schwarzen Bart und seine Stirn zog tiefe Falten.

Er ärgerte sich über seine Unvorsichtigkeit. In so einer Dorfschenke, noch dazu an einem Wochentag, waren sie natürlich mehr als auffällig. Schon als die Wirtin ihre Bierbestellung aufnahm, wollte sie natürlich wissen, wer sie waren und was sie hier in Pörndorf trieben. Matzeder kannte kein Verstellen und schnauzte sie gleich so derb an, dass es ihr die Sprache verschlug. Natürlich waren sie jetzt jede Sekunde unter argwöhnischer Beobachtung. Der Pfeife rauchende Alte wandte sein zerfurchtes Gesicht gelegentlich einem seiner Bekannten zu und brummte Unverständliches. Das frische Bier besänftigte den Geist Matzeders und bei der zweiten Halben hatte er sich schon merklich entspannt. Über ein Quartier machte er sich noch keine Gedanken. Irgendwo ließ sich schon wieder ein Stadel finden, wo sie frech einsteigen und ein paar Stunden schlafen konnten. Ein festes Ziel hatten sie noch nicht, Hauptsache, ein wenig weiter weg von der Heimat, wo sie unbehelligt herumstreunen konnten.

Matzeder kramte gerade in seinem Rucksack, als unverhofft mit einem Male die Tür aufflog und drei Gendarmen in ihren dunkelgrünen Waffenröcken in die Gaststube stürzten. Augenblicklich erkannte er das Unheil und sprang auf die Beine. Er hatte das Gefühl, sein Herz wäre für einen Moment stillgestanden und erst mit einem stechenden Schmerz wieder angesprungen. Jetzt pochte es ihm bis zum Hals hinauf. Diese verdammten Hunde. Er griff nach seinem Bierkrug und schleuderte ihn gegen die Männer. Dann einen Stuhl hinterher, der auf den benachbarten Stammtisch krachte, wo sich erschrocken die drei Alten schutzsuchend duckten.

Der Stationskommandant Bäumler aus Gergweis, der die Gendarmen anführte, brüllte die Räuber an, sie sollten den Widerstand aufgeben, und drohte mit dem Gewehr im Anschlag. Ein zweiter Stuhl flog, dann sprang Reiter auf die Gruppe zu, packte beherzt den Gewehrlauf Bäumlers und riss ihn nach vorn. Laut krachend donnerte der Schuss ohne zu treffen. Reiter zog sein Messer und hieb auf den Kommandanten ein – erwischte ihn an der rechten Hand. Matzeder hatte seinen Revolver aus der Hosentasche gezogen, der jedoch ungeladen keine große Hilfe war. Auch er packte den Kommandanten und stieß ihm den Revolver mit ganzer Kraft und einem grauenhaften Wutgeschrei in den Magen, dass dieser zu Boden ging. Dann fasste Matzeder nochmal in die Hose und zog sein Messer aus der innen angenähten Lederscheide. Ein weiterer Schuss krachte und ließ für einen kurzen Moment das Durcheinander aus Schreien und Stöhnen abbrechen. Matzeder warf einen schnellen Blick zu seinem Räuberkameraden und war erleichtert, dass auch dieser Schuss offenbar sein Ziel verfehlt hatte. Die Gaststube stand in weißem Rauch. Wieder flog ein Stuhl auf die Angreifer. Matzeder kippte Tische um und donnerte Stühle, die er erwischen konnte, gegen die Uniformierten. In diesem Tumult konnten die Gewehre nicht nachgeladen werden und so zogen die Gendarmen ihre Säbel. Eine letzte Möglichkeit zur Flucht hätte die Verbindungstür zur Küche auf der rechts von ihnen gelegenen Seite sein können. Diese wollten sie erreichen. Mit Holzstühlen bewaffnet konnten sie die Säbelhiebe einigermaßen abwehren. Doch da stürmten weitere kräftige Männer aus dem Dorf mit Knüppeln bewaffnet herein, und aus der Tür zur Küche trat ein Jäger mit seiner Flinte. Die Situation schien aussichtslos. Die beiden Räuber verschanzten sich daraufhin hinter einem umgestürzten Tisch in der Ecke. Schnaufend und hilflos starrten sie sich an. Was sollten sie nur tun? Inzwischen war es Kommandant Bäumler gelungen, sein Gewehr nachzuladen. Mit bluttropfender Hand und wütender Grimasse trat er auf die Deckung der Räuber zu.

»Gebts auf, oder wir schießn euch ab wie d'Hasn!«, brüllte er entschlossen, während sich auch der Jäger und die anderen Männer postierten. Es gab kein Entkommen mehr! Stille. So hatte es kommen müssen. Steckbriefe der zwei Räuber hingen in vielen Orten, aber die einfachen Leute hatten sie nie verraten, ja, mitunter sogar versteckt! Wer hatte sie erkannt und angezeigt? Wenn sie lebend hier rauskommen wollten, dann mussten sie jetzt nachgeben. Matzeder und Reiter hoben langsam die Hände. Schweißnasse Köpfe erhoben sich über die Tischkante. Ohne weiteren Widerstand ließen sie sich von den groben Händen der Gendarmen überwältigen und fesseln.

Doppelläufige Vorderladerpistole von Franz Matzeder. (Foto: Fred Haller)

Jetzt geht's dahin

Nach der Gefangennahme in Pörndorf wurden die Räuber nach Gergweis in die Gendarmeriestation gebracht. Matzeder stießen sie hier in die Arrestzelle, Reiter sperrten sie in einen kleinen Lagerraum der ansässigen Bierbrauerei. Die beiden durften keine Gelegenheit mehr bekommen, gemeinsam über Widersetzung oder Ausbruch zu sinnen. Noch war nicht klar, was weiter mit ihnen geschehen sollte, deshalb verzögerte sich der Abtransport.

In der darauffolgenden Woche traf eine Abordnung von berittenen Soldaten ein, um die Delinquenten in die Fronfeste nach Straubing zu begleiten. Die bezogen in der Wirtschaft Quartier und ließen ihre Pferde dort pflegen.

Da die 50 Kilometer lange Reise ohne Zwischenhalt geschafft werden sollte, standen am übernächsten Tag schon am frühen Morgen zwei Pferdefuhrwerke bereit. Nachdem Gendarmen Matzeder an den Händen mit Stricken gebunden hatten, zerrten sie ihn aus der Zelle, hinaus auf die Dorfstraße. Auf dem offenen Heuwagen banden sie ihn zusätzlich mit den Füßen an der Holzpritsche fest, damit er nicht unterwegs herunterspringen und fliehen konnte. Der Stationskommandant aus Gergweis und drei weitere Gendarmen im doppelreihigen, grünen Rock bewachten den Gefangenen. In gleicher Weise verzurrt und gesichert saß Reiter bereits auf dem zweiten Gefährt.

Als sein Kumpane mit Mühe auf den Karren stieg, rief er ihm zu: »Franz!«

»Halts Maul, Mann!«, schrie sofort ein Uniformierter und gab ihm mit seinem Gewehrkolben einen kräftigen Stoß in die Seite. »Kein Wort mehr, kapiert? Beim nächsten Mal schlag i dir die Zähn ein!«

Reiter duckte sich und begann ängstlich zu schluchzen.

Begleitet durch ein Dutzend Soldaten setzte sich der Zug in Bewegung. Der Himmel zeigte sich in einheitlichem Grau und verhieß nichts Gutes. Gegen Mittag begann es leicht zu regnen.

Als sie das kleine Dorf Niederpöring erreicht hatten, ließ der verantwortliche Offizier bei einem großen Bauernhof anhalten und in der Scheunendurchfahrt pausieren. Hier war es einem vorausgeschickten Soldaten gelungen, eine kleine Bewirtung vorzubereiten. Sogar frisches Schmalzgebackenes reichte die freundliche Bäuerin in einer großen Schüssel. Für die beiden zitternden Räuber fiel immerhin ein Stück Brot ab, das sie dankbar annahmen, und sie durften sich in alte Rossdecken eindrehen. Das lange Sitzen auf der harten Holzpritsche war eine Tortur gewesen, aber auch jetzt ließ man sie nicht absteigen.

Wann immer die Straßenverhältnisse es zuließen, trieben die Kutscher die Pferde an, um schneller vorwärts zu kommen, aber viele gefährliche Schlaglöcher zwangen sie, weite Strecken im Schritttempo zurückzulegen. Vorbei an ausgedehnten Feldern und sattgrünen Wiesen erreichten sie am Nachmittag Aiterhofen, als die Wolkendecke aufriss und wieder leuchtend blaue Lücken zeigte. Gerade rechtzeitig, bevor sie in der Ferne die markanten Türme der Gäubodenstadt ausmachen konnten. Je näher sie kamen, desto frequentierter waren die Straßen von und zu der Stadt. Bauernfuhrwerke, Handels- und Krämerkarren holperten über Lande, um ihre Waren an die Straubinger Bürger zu verkaufen. Von weitem grüßte der Turm der Stadtkirche St. Jakob, dessen spitze Zwiebelhaube fast 90 Meter in den Himmel ragte. Daneben der einzigartige Wachturm, der das Stadtzentrum in zwei langgezogene Plätze teilte.

Der Gefangenenzug erreichte die Stadt. Aus dem ausgedehnten Häusermeer mit den unzähligen steilen Giebeln, die sich dicht aneinanderdrängten, zeigten noch viele andere Turmdächer zum Himmel. Ein erstaunenswerter Anblick, auch für die Gefangenen, die noch nie in der Gäubodenstadt gewesen waren. Sie sahen die Pracht freilich mit trüben Gedanken und versteinerten Gesichtern. Hier sollte ihnen der Prozess gemacht werden. Laut schallend klapperten die vielen Hufe auf den gepflasterten Straßen, bis sie die Fronfeste an der nördlichen Seite der Stadtmauer erreichten.

Der Offizier stieg erleichtert vom Pferd und überreichte die Papiere, welche die Gefangenen auswiesen und den Grund ihrer Festsetzung dokumentierten. Unter scharfer Bewachung ließ man sie vom Wagen steigen. Nach der anstrengenden Fahrt waren ihre Glieder steif und sie konnten sich kaum aufrichten. Man führte sie in das Gebäude und brachte sie in die Turmzellen. In ihren getrennten Kerkern schmiedete der Eisenmeister die Gefangenen an Eisenketten. Er legte die Handgelenke in schwere Ringe, die jeweils in das Schlussglied einer in der Wand eingemauerten, verrosteten Kette eingehängt wurden. Die Handschellen mussten dem Arm genau angepasst sein. Sie durften sich nicht abstreifen lassen, aber auch nicht zu eng sein, um ein Einschneiden und Anschwellen zu vermeiden. Ebenso geschah es mit den Fußfesseln. Der Häftling war nun auf sein hartes Lager, ein an der Mauer befestigtes Holzbrett, gezwungen.

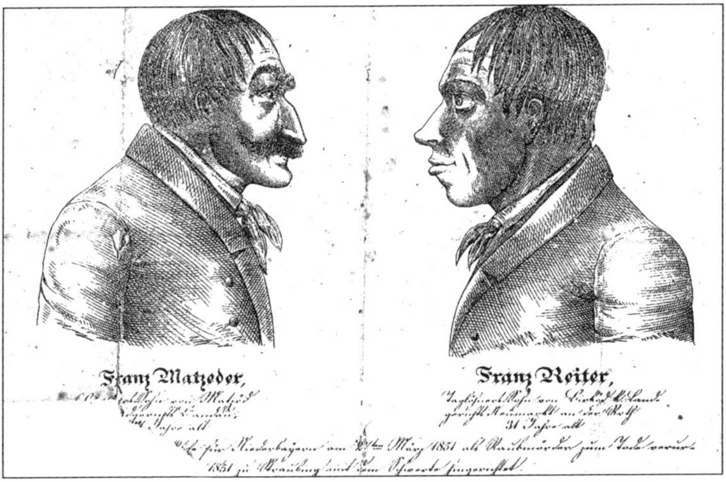

Bekanntmachung zur Hinrichtung der Raubmörder Matzeder und Reiter. (Foto: Abzug aus Originaldokument von Josef Sporrer, Simbach)

In der Fronfeste

Seit ihrer Festsetzung im Mai 1849 und der Einlieferung in die Fronfeste zu Straubing saßen die Raubmörder nun hier ein, und auch Weger wurde schließlich aus dem Gefängnis Eggenfelden hierher verlegt. Eine sehr ungemütliche Behausung mussten sie hier erleiden. An Händen und Füßen mit Ketten gefesselt, war ihr Bett ein einfaches Holzbrett. Feuchtnasse Wände, katastrophale hygienische Verhältnisse und ein unerträglicher Gestank, der sich in den Keuchen auf Jahrzehnte festgesetzt hatte. Die Fronfeste mit ihren zwei Türmen und der angebauten Wohnung des Eisenmeisters war Teil der nördlichen Stadtbefestigung am unteren Rain. In einem der Türme war das Verhörzimmer und im zweiten die Zelle für Verbrecher, die unter strengsten Gewahrsam gestellt wurden. Im Verbindungsbau befanden sich viele Keuchen für die Häftlinge. In dieser Hölle auf Erden saßen die drei wegen gemeinschaftlich begangenen Raubmordes nun an Ketten geschmiedet ein und warteten auf ihren Prozess. Die Fronfeste wurde vom Eisenmeister und seinem Weib verwaltet. Sie waren für die Verpflegung der Gefangenen und für die Reinigungen der Zellen verantwortlich. Der Eisenmeister war mehr als nur Gefängniswärter. Er war eher ein selbstständiger Unternehmer, der die Fronfeste ähnlich wie ein Gastwirt betrieb und mit der städtischen Verwaltung in einem Pachtverhältnis stand. Für jeden bei ihm einsitzenden Gefangenen erhielt er einen gewissen Zehrbetrag aus der Stadtkasse. Als Gegenleistung hatte er für die Unterbringung und die Verpflegung der Gefangenen zu sorgen. Seine Frau, mit der er die angebauten Räume bewohnte, kochte für die Insassen. Die Versuchung, die tägliche Suppe mit Wasser zu strecken, war groß. Je billiger das Essen, desto größer der Gewinn. Auch die Kinder des Eisenmeisters halfen mit, versorgten die Gefangenen von Zeit zu Zeit mit etwas frischem Stroh und kehrten die Zellen aus. Der Meister selbst hatte die Gefangenen so zu verwahren und zu bewachen, dass sie nicht entkommen konnten.

Im 16. und 17. Jahrhundert, zur Zeit der Hexenverfolgungen, nahm der Eisen- oder Kerkermeister auch Folterungen vor. Mit der Hinrichtung hatte er nichts zu tun, hierfür war der Scharfrichter zuständig. Es gilt als sicher, dass auch in der Straubinger Kettenfronfeste sogenannte Hexen einsaßen und, wie damals üblich, auf brutalste Weise gefoltert wurden. Selbst wenn eine der Hexerei verdächtigte Person alles, was ihr vorgeworfen wurde, zugab, wurde sie trotzdem gefoltert, um Dinge aus ihr herauszupressen, die sie nie begangen hatte und nach heutiger Denkweise auch gar nicht begehen konnte. Ihr wurde von den Kommissaren oder Patres vorgesagt, was sie zu gestehen hatte, um sie der Hexerei zu überführen und auf den Scheiterhaufen zu bringen. Vermutlich fand in Bayern die letzte Hexenhinrichtung 1756 in Landshut statt. Die letzte überlieferte Hinrichtung einer Hexe in Mitteleuropa fand 1793 im Großherzogtum Posen statt, ehe dieser Wahnsinn ein Ende fand.

In der Fronfeste wurden nur Schwerverbrecher untergebracht, die vor dem Obersten Schwurgericht verhandelt wurden. Matzeder galt als Anführer und war der weitaus brutalste der drei. Da die drei Matzöder Räuber in einem großen Umkreis in Nieder- und Oberbayern ihr Unwesen getrieben hatten, dauerten die Ermittlungen lange an. Der lange Aufenthalt in der Kettenfronfeste kam auch ohne Verurteilung schon einem Todesurteil auf Zeit nahe. Die Haftbedingungen überlebten viele Sträflinge nicht. In den nur wenigen Quadratmeter kleinen Keuchen lagen die Insassen an Händen und Füßen angekettet. Die Beinkette bestand aus zwei Fußschellen, welche mit einer Kette verbunden waren und damit die Bewegungsfreiheit so weit einschränkten, dass eine Flucht nahezu ausgeschlossen war. Mit den Händen hatten die Insassen nur so viel Bewegungsfreiheit, um das Essen einnehmen zu können und den Holzkübel für die Notdurft zu erreichen. Schlimm waren die hygienischen Zustände, aber ganz besonders litten die Häftlinge unter der Kälte der feuchten, von der Sonne nicht erreichbaren Mauer, die ihnen in die Glieder kroch. Die lange trübsinnige Haft veränderte das Gemüt Matzeders. Verglichen mit der ersten Zeit nach seiner Einlieferung wurde er ruhiger und schien weniger aggressiv. Er wirkte nicht nur körperlich, sondern auch geistig gebrochen.

Reiter und Weger fielen beide in einen geistigen Dämmerzustand, der sich jedoch unterschiedlich zeigte. Während Weger vor sich hingrübelte, jammerte und weinte Reiter oft stundenlang: »Lassts mich doch aus, i möcht net sterbn!«

Fotografie der Fronfeste in Straubing um 1900.
(Foto: Stadtarchiv Straubing, Fotosammlung Rohrmayr 1822)

Die Anklage

Nach nunmehr endlosen zwei Jahren körperlicher und geistiger Zermürbung kam es im März 1851 vor dem Königlichen Schwurgericht zu Straubing endlich zur öffentlichen Verhandlung gegen die Räuberbande. Der Prozesstermin hatte sich längst herumgesprochen, und so war der Gerichtssaal bis auf den letzten Platz mit Zuhörern aus der ganzen Umgebung gefüllt. Aus Nah und Fern kamen interessierte Juristen und Zeitungsschreiber, um an der Verhandlung teilzunehmen. Unter schärfster Bewachung wurden die drei Angeklagten mit klirrenden Ketten in den Gerichtssaal geführt. Nachdem die Verhandlung vom Vorsitzenden Richter Prell, Rat am Königlichen Apellationsgericht von Niederbayern, eröffnet wurde, erteilte dieser das Wort an den zuständigen Staatsanwalt Sedelmaier, der die Anklageschrift wie folgt begründete (Originaltext aus den Gerichtsakten):

Franz Matzeder, lediger Häuslersohn von Matzöd, Landgericht Landau, geboren im Jahre 1810, Franz Reiter, lediger Tagelöhnersohn von Birköd, geboren im Jahre 1819, Landgericht Neumarkt an der Rott, und Georg Weger, verheirateter Maurer und Rechenmacher, geboren im Jahre 1815 in Bachleiten, Landgericht Neumarkt an der Rott, werden beschuldigt wie folgt:

Nachdem sie einige Zeit umhergezogen waren, lauerten Matzeder und Reiter, mit Gewehren und Messern bewaffnet, in der Nacht zwischen dem 27. und 28. März 1849 in verabredeter Verbindung mit dem verheirateten Maurer Georg Weger von Bachleiten an der Straße zwischen Pleiskirchen und Höll, in räuberischer Absicht auf den Hinterwimmerbauern Franz Altersberger von Nonnberg und den ledigen Bauernsohn Lorenz Bichlmaier von Wollersdorf, welche im Wirtshause zu Pleiskirchen bis nach Mitternacht gezecht und dann miteinander den Weg nach

Höll eingeschlagen hatten. Als sie auf der dahin führenden Vicinalstraße ungefähr eine 3/4 Stund weit gekommen und im sogenannten Schwalbenbergerholz angelangt waren, wurden zu ihrer Linken aus dem Walde her unter dem Rufe: »Halt!« plötzlich mehrere Schüsse auf sie abgefeuert. Einer von diesen Schüssen verletzte den Lorenz Bichelmaier tödlich im Unterleibe. Franz Altersberger wurde durch einen Schuss leicht am Rücken verwundet; er entsprang in das Gebüsch rechts des Weges, fiel aber zu Boden und wurde von einem der Räuber gepackt, welcher sich auf ihn kniete, ihm mehrere Stöße versetzte und ihm unter dem Ausrufe: »Tot musst du werden!« seine Geldgurte, in welchen ungefähr 160 Gulden sich befanden, dann eine weitere Barschaft von etwas mehr als 84 Gulden, welche derselbe in der Hosentasche bei sich führte, abnahm.

Zur gleichen Zeit wurde Franz Altersberger mit einem Prügel über Kopf, Brust und Unterleib geschlagen und erhielt mit einem Messer mehrere Stiche und Schnitte auf dem Kopf und auf dem linken Oberarm und auf die Brust; zuletzt versetzte ihm noch auf den Zuruf: »Schneid ihm die Gurgel ab!« einer der Räuber mit einem Messer einen Schnitt in den Halse.

Nachdem sich die Räuber entfernt hatten, raffte sich Franz Altersberger vom Boden auf, schleppte sich einige Schritte fort, sank aber dann ohnmächtig zusammen und wurde in diesem Zustande morgens um 5 Uhr an der Straße von einem des Weges fahrenden Bauern gefunden. In der Nähe desselben, etwas seitwärts von der Straße, ward zu gleicher Zeit die Leiche des Lorenz Bichlmaier, auf dem Rücken liegend, gefunden. Die Barschaft und die Sackuhr, welche derselbe bei sich hatte, fehlten. Die aus Schroten und gehacktem Blei bestehende Ladung des Schusses, von welchem Bichlmaier im Unterleib getroffen wurden, hatte die Leber sowie die rechte Niere zerrissen und durch diese Verletzungen den Tod desselben notwendig und unmittelbar herbeigeführt. Franz Altersberger befand sich in Folge der erlittenen Misshandlungen anfangs in einem lebensgefährlichen Zustande und erlangte erst nach zweimonatlicher ärztlicher Behandlung seine Gesundheit wieder. Georg Weger wurde als dieser Tat verdächtig alsbald in Untersuchung gezogen und ver-

haftet. Franz Matzeder und Franz Reiter trieben sich noch längere Zeit flüchtig herum und wurden erst am 28. Mai 1849 im Wirtshause zu Pörndorf durch die Gendarmerie festgenommen, wobei sie gewaltsamen Widerstand mit Waffen leisteten.

Während der Ausführungen des Staatsanwalts herrschte im Gerichtssaal eine fast schon unheimliche Stille, die endlich durch den Vorsitzenden Richter Prell mit der Frage an die Angeklagten, was sie zu diesen Anschuldigungen zu sagen hätten, unterbrochen wurde. Matzeder sah den Richter nur an und drehte unbeteiligt an seinem schwarzen ungepflegten Schnauzbart, als ginge ihn das alles nichts an. Reiter und Weger nickten zustimmend mit den Köpfen, was heißen sollte, so wie der Staatsanwalt den Hergang schilderte, war es wohl gewesen. Insgeheim hofften sie mit ihren Geständnissen, die sie ja auch schon in der Voruntersuchung abgelegt hatten, das Strafmaß ihrer Tat mildern zu können. Nun lag es an den Geschworenen, über die drei Mörder ein Urteil zu fällen. Nach den eindeutigen Schilderungen wird wohl jeder einzelne der vielen Zuschauer im Saal mit einem Schuldspruch und Verhängung der Todesstrafe gerechnet haben. Und so wurde das Urteil der Geschworenen mit Spannung erwartet.

Die Verhandlung

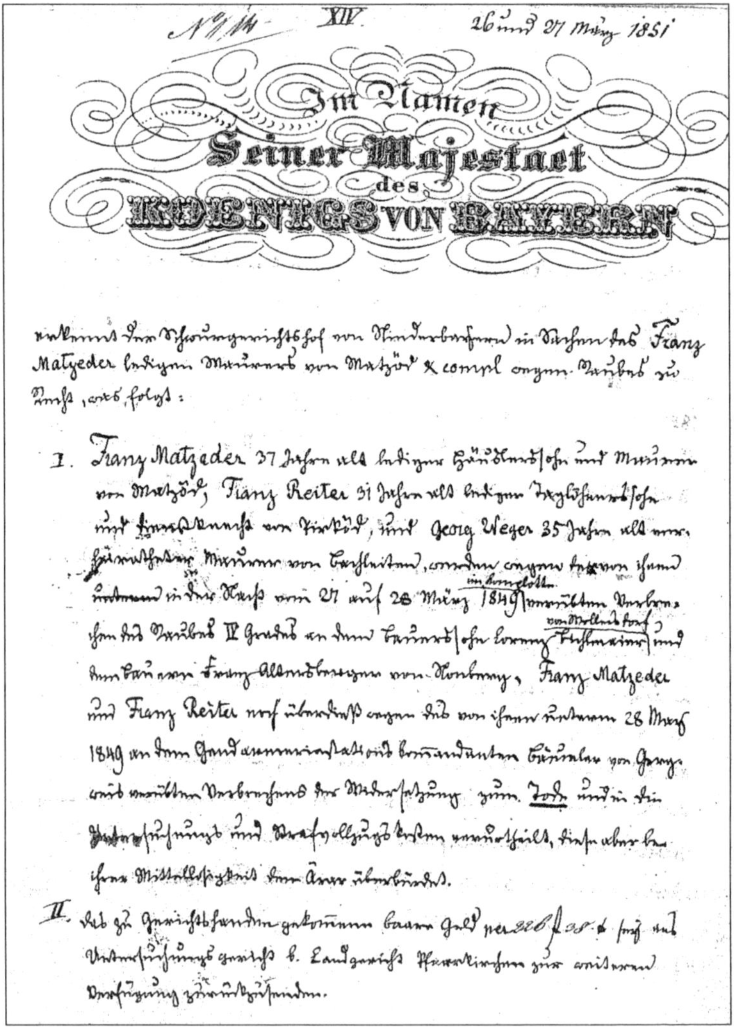

Das Verhandlungsprotokoll. (Foto: Staatsarchiv Landshut, Urteilsbücher Nr. 755)

Am 27. März 1851 fand die Verhandlung des Schwurgerichts in Straubing gegen die Matzöder Räuber statt. Der Gerichtssaal war bis auf den letzten Platz mit Leuten aus Straubing und ganz Niederbayern besetzt.

Das Protokoll aus dem Urteilsbuch des Gerichts ist hier im Originalwortlaut wiedergegeben:

Im Namen Seiner Majestät des Königs von Bayern erkennt der Schwurgerichtshof von Niederbayern in Sachen des Franz Matzeder ledigen Maurers von Matzöd und Complitzen wegen Raubes zu Recht, was folgt.

I.

Franz Matzeder 39 Jahre alt lediger Häuslersohn und Maurer von Matzöd, Franz Reiter 31 Jahre alt lediger Taglöhnersohn und Dienstknecht von Pirköd, und Georg Weger 35 Jahre alt verheirateter Maurer von Bachleiten, werden wegen derer ihnen, in der Nacht vom 27. auf 28. März 1849 im Komplotte verübten Verbrechen des Raubes IV. Grades an dem Bauernsohn Lorenz Bichlmaier von Wollersdorf und dem Bauern Franz Altersberger von Nonnberg, Franz Matzeder und Franz Reiter noch überdies wegen des von ihnen unterm 28. März 1849 an dem Gendarmeriestationskommandanten Bäumler von Gergweis verübten Verbrechens der Widersetzung zum Tode und in die Untersuchungs- und Strafvollzugskosten verurteilt, diese aber bei ihrer Mittellosigkeit dem Ärar überbürdet.

II.

Das zu Gerichtshänden gekommene bare Geld per 226 Gulden 38 Kreuzer sei ans Untersuchungsgericht b. Landgericht Pfarrkirchen zur weiteren Verfügung zurückzusenden.

Entscheidungsgründe

Gegen Georg Weger 35 Jahre alt verheirateter Maurer von Pleiskirchen, Franz Reiter 31 Jahre alt lediger Dienstknecht von Birköd und Franz Matzeder 39 Jahre alt lediger Maurer von Matzöd ist vom Apelationsgericht von Niederbayern unter dem 22. Februar 1851 wegen zweier Verbrechen des Raubes IV Grades verübt in der Nacht vor dem 28. März 1849 am Bauernsohn Lorenz Bichlmaier von Wollersdorf und am Bauern Franz Altersberger von Nonnberg gegen Franz Matzeder und Franz Reiter insbesondere noch wegen Verbrechens der Widersetzung verübt am 28. Mai 1849 am Gendarmeriestationskommandanten Bäumler auf Anklage und Verweisung vor das Schwurgericht erkannt worden.

In Folge dieser Erkenntnisse kam die Sache gestern zur öffentlichen Verhandlung.

Der Königliche Staatsanwalt entwickelte hierbei die zur Rechtfertigung der Anklage dienenden Gründe, und der Königliche Schwaizer dahier, trug für Georg Weger, der Advokatenkoncipient Richard Schneider dahier, trug für Franz Reiter, dann der Advokat Dr. Hözl von hier für Franz Matzeder die Verteidigung vor, welchen Verteidigungen die Angeklagten nichts weiter beifügen zu wollen erklärten.

1.Frage:

Ist Franz Matzeder, 39 Jahre alt, Häuslersohn von Matzöd, schuldig des Verbrechens des Raubes IV. Grades dadurch begangen zu haben, dass derselbe in der Nacht vor dem 28. März 1849 zwischen 1 und 2 Uhr im Komplotte mit anderen Mannspersonen in der Absicht, eine Entwendung zu begehen, den Lorenz Bichlmaier Bauernsohn von Wollersdorf auf der Vicinalstraße unfern von dem Wirtshause zur Höll im sogenannten Schwalbenbergerholze gewaltsam überfallen, dass er oder einer seiner Konsorten denselben durch eine Schusswunde in den

Unterleib tötete, und sich seine bei sich führende Barschaft nebst Uhr zueignete?

2. Frage:

Ist Franz Matzeder ferner schuldig, das Verbrechen des Raubes IV. Grades dadurch begangen zu haben, dass er bei dem oben angegebenen Vorfalle im Komplotte mit anderen Mannspersonen in der Absicht, um eine Entwendung zu begehen, auch dem Begleiter von Lorenz Bichlmaier, den Bauern Franz Altersberger von Nonnberg in dem bezeichneten Schwalbenbergerhölzchen gewaltsam angefallen, dass er oder einer seiner Raubkonsorten denselben durch einen Schuss im Rücken verwundet, dann mit Prügeln zu Boden schlug, worauf einer von ihnen den Altersberger mit den Worten: »Gib nur das Geld her« auf die Brust kniete, die Geldgurte ihm vom Leibe schnitt, dann auf die Bitte, sein Leben zu schonen, rief: »Tot musst du werden, da hilft nichts!« Altersberger hierauf auch Messerstiche erhielt, endlich in Folge Aufforderung eines Täters in den Hals erhielt, und somit gepeiniget, oder wenigstens in die höchste Lebensgefahr versetzt, und hierbei seiner bei sich habenden Barschaft und Uhr beraubt wurde?

3. Frage:

Ist Franz Matzeder ferner schuldig, das Verbrechen der Widersetzung dadurch begangen zu haben, dass er am 28. Mai 1849 den zu seiner Verhaftung berechtigten Gendarmeriebrigadiers Bäumler, um sich der Arretierung zu widersetzen, mit einer tödlichen Waffe bedrohte?

4. Frage:

Ist Georg Weger, verheirateter Maurer und Rechenmacher von Bachleiten, 34 Jahre alt, schuldig das Verbrechen des Raubes IV. Grades dadurch begangen zu haben, dass er in der Nacht vor dem 28. März 1849 zwischen 1 und 2 Uhr im Komplotte mit anderen Mannspersonen in der Absicht eine Entwendung zu begehen, …

So wurden die zutreffenden Fragen zu den Tatbeständen für alle drei Männer ausgeführt und schließlich ging die Aufforderung an die Geschworenen, die Antworten zu geben.

Alle Fragen beantworteten die Geschworenen einzeln mit der Antwort: »Ja, schuldig«.

Nach einer kurzen Beratung des Schwurgerichtshofs verkündete der Vorsitzende Richter Prell das Urteil.

Matzeder, Reiter und Weger wurden von den Geschworenen des Verbrechens IV. und höchsten Grades als Raubmörder im Komplotte, dann die beiden Ersten überdies auch des Verbrechens der Widersetzung für schuldig erklärt. Der Schwurgerichtshof verurteile alle drei zur Todesstrafe.

Maxmilian II., König von Bayern, regierte von 1848–1864. (Foto: wikimedia.com)

Der oberste Gerichtshof, welcher das Urteil sowohl in Folge der von den Verurteilten eingereichten Richtigkeitsbeschwerden, als auch von Amts wegen nach dem Strafprozessgesetz von 1848 noch einmal zu überprüfen hatte, bestätigte das Urteil.

Als letzte Entscheidungsinstanz wurde der Urteilsspruch schließlich dem König von Bayern vorgelegt.

In einem weiteren Gerichtsprotokoll vom 23. Juni 1851 ist die endgültige Entscheidung folgendermaßen vermerkt:

Seine Majestät der König haben hierauf vermöge aller höchster Entschließung vom 4. Juni 1851 die gegen Georg Weger rechtskräftig erkannte Todesstrafe in Kettenstrafe zu mildern geruht, dagegen in Ansehung des Franz Reiter und Franz Matzeder erklärt, dass zu deren Begnadigung kein zureichender Grund gefunden worden sei.

Demzufolge werde das Todesurteil an Franz Matzeder und Franz Reiter durch öffentliche Enthauptung mit dem Schwerte vollzogen.

Gebrath, Direktor Hohenaster, 1. Rath, als Executions-Commissär
Pappenberger, Protokollist, als Executions-Aktwar

Scharfrichter Zankl

Noch einmal pochte der gusseiserne Anklopfer an die dunkle Eichentür des Hauses an der Schindergrube, das neben einem Bach etwas abgelegen vor den Toren der Stadt lag und von den ehrbaren Bürgern Straubings gemieden wurde.

Es war der Gerichtsdiener des Landgerichts, der sogleich die zwei Stufen wieder zurückwich und weiterhin geduldig wartete. Den Weg hierher ging er nur widerwillig und von Amts wegen. Das Gewerbe des Abdeckers war unehrenhaft, aber durchaus lukrativ – mussten doch alle Bauern in einem großen Zuständigkeitsgebiet ihr verendetes Vieh bei ihm melden und von seinen Gehilfen abholen lassen. Die Häute und Felle der Tiere konnten meistens für gutes Geld an die Gerber verkauft werden. Doch mit der Bevölkerung hatten diese Familien kaum Kontakte. In Wirtshäusern wurde ihnen ein meist abseits stehender Tisch zugewiesen, und in den Kirchen waren Plätze in der hintersten Bank für sie reserviert. Ihre Kinder konnten nur innerhalb der unehrenhaften Berufe heiraten.

Der Hausherr, Scharfrichter und Abdecker Franz Josef Zankl, hatte sich alsbald seinen schwarzen Rock umgeworfen und öffnete die Tür. Mit einem kurzen Gruß überreichte der Gerichtsdiener den versiegelten Brief. Zurück in der Stube öffnete Zankl, der bereits von den in der Fronfeste einsitzenden Mördern gehört hatte, den von ihm insgeheim erwarteten Brief und las die amtliche Vorankündigung. Zwei Mörder seien gefasst worden und soweit das Verfahren des Schwurgerichts abgeschlossen sei, wäre aufgrund der derzeitigen Beweislage eine Verurteilung zum Tode wahrscheinlich. Eine freudige Spannung stieg in ihm hoch. Seit der Einsetzung des Schwurgerichts in Straubing wäre dies die zweite öffentliche Hinrichtung, nachdem ein Jahr zuvor Michael Niedermeier mit dem Schwert enthauptet wurde. Was war das für ein Spektakel gewesen! An die tausend Leute hatten sich am Hagen außerhalb der Stadtmauern eingefunden, um diesen Akt mit eigenen Augen zu sehen. Nun war es also wieder so weit, dass er, der geächtete Abdecker und Nachrichter seinen Auftritt bekam, zu dem die ganze Stadt zusammenlaufen und sensationslustig gaffen würde. Sogar eine Doppelhinrichtung könnte es werden, ging es Zankl in seiner Vorfreude durch den Kopf. Nun galt es, die Zeremonie genau zu durchdenken und zu planen. Henkersknechte mussten angewiesen werden, die mit ihm auf die hölzerne Bühne stiegen. Der Todeshieb musste erprobt werden, war doch die Vorgabe, dass das Haupt mit nur einem kräftigen Schlag vom Rumpf glatt abgetrennt werden musste.

Gelegenheiten zur Übung ergaben sich für den Abdecker mehrfach.

Schon kurz nach diesem Anschreiben begleitete Zankl seine Burschen nach Ittling, wo eine tote Sau abzudecken war. Die Bauersleute staunten, als sie den Meister persönlich im schwarzen Biedermeieranzug zur Miststatt schreiten sahen, wo das verendete Vieh lag. Zusammen mit den Stallknechten wurde der aufgedunsene Kadaver mit Seilen über angelehnte Bretter so weit auf den Karren gezogen, bis hinten nur noch der Kopf gut überstand. Nachdem er die Hofleut weggeheißen hatte, wollte er jetzt sein blankes Richtschwert schwingen. Wie auf der Henkersbühne umgriff er konzentriert den Schaft seines Schwertes mit beiden Händen, achtete auf festen Stand und führte die Schneide erst langsam in einem weiten Bogen bis an den Hals des Tieres. Dann korrigierte er nochmals seine Stellung und hieb zielsicher in den Schweinenacken. Leider vermochte er die kräftigen Knochen der stinkenden Sau beim ersten Mal nicht zu zerschlagen. Als er missmutig zum Wohnhaus des Vierseithofs hinüberstapfte, kam der Bauer, der die Szenerie vom Fenster aus beobachtet hatte, herausgestolpert, um ihn um einen Gefallen zu bitten. Den alten siechenden Hofhund wollte dieser loswerden. Ob der Herr Scharfrichter den nicht erschlagen und auch gleich mitnehmen wollte.

Zankl hatte nichts dagegen, konnte er doch gleich noch einmal, diesmal sogar am lebenden Objekt und bei etwas zarterer Anatomie, üben. Während er seine Waffe nochmal vom Karren holte, zog der Bauer den räudigen Schäferhundmischling aus seiner Hütte und nahm ihm Kette und Halsband ab. Zitternd stand der alte Kläffer alsbald vor dem finster dreinschauenden Mann, seinem Henker. Wieder zog Zankl sein Schwert aus der Lederscheide. Die Kreatur im Blick holte er aus, doch da erschrak der Hund und duckte sich winselnd auf den Boden, sodass es nicht gelingen konnte. Laut fluchend setzte der Henker ab, was den Hund noch mehr verstörte. Die Abdeckerknechte hingegen verfolgten die »Hinrichtung« belustigt. Sich zuzwinkernd grinsten sie über ihren Herrn. Mit guten Worten richteten sie den Hund wieder auf. Diesmal schwang der Scharfrichter keinen Bogen, sondern hob das Schwert ganz langsam. Ein kräftiger Streich trennte den Kopf glatt vom Rumpf und löschte das ohnehin erbärmliche Leben des Tieres aus. Zum Dank reichte der Bauer ein Stamperl Schnaps und ließ die Abdecker mit ihrem Fuhrwerk ziehen.

Scharfrichterdynastie Zankl zu Straubing

Ansicht des Grabsteins des Scharfrichters Zankl im Friedhof St. Peter in Straubing. (Foto: Fred Haller)

Bis zum Jahre 1868 gab es in Bayern öffentliche Hinrichtungen, die durch Scharfrichter, meist unter Zulauf tausender Schaulustiger, vorgenommen wurden. In Straubing war von 1814 bis 1855 die Familie Zankl für diese heikle Aufgabe tätig und es wurde Joseph Zankl sogar der Titel Königlicher Scharfrichter verliehen. Die Familie wohnte, wie damals für Abdecker üblich, am Rande der Stadt. An erster Stelle übten sie die Wasenmeisterei aus, was mit der Verwertung und Beseitigung verendeter Tiere zu tun hatte. Sie gehörten sicher nicht zu der armen Schicht der damaligen Bevölkerung, wenngleich ihnen trotzdem von allen Seiten nur Verachtung entgegengebracht wurde. Geheiratet werden durfte nur innerhalb dieser unehrenhaften Berufe. Darunter fielen beispielsweise auch die Schäfer. Joseph Zankl und seine Frau sind in Straubing auf dem historischen Friedhof von St. Peter begraben. Auf der Rückseite des Grabsteins bezeugt ein eingemeißeltes Richtschwert das Handwerk des Scharfrichters.

Sensationslust

Draußen am Rande der Stadt wurde seit Tagen gehackt, gegraben, gehämmert und gesägt. Der Hagen glich einer Baustelle. Schaulustige versammelten sich in kleinen Grüppchen. Kaufmannswagen und Bauernkarren, deren Weg von den umliegenden Städten und Dörfern hier vorbeiführte, hielten an um zu schauen. Handwerksburschen, Marktweiber, Hofbedienstete auf dem Weg von oder zu der Stadt blieben stehen, um den Fortgang der Arbeiten zu verfolgen. Groß war die Zahl der Kinder und Müßiggänger, die nichts als Schaulust hergetrieben hatte. Sehenswert und vielversprechend waren die Zurüstungen, die da am Stadtrand getroffen wurden.

Eine große erhöhte Holzbühne, mit einer Fläche von sechs auf seschs Metern, war fast fertiggestellt. Die Bürger wussten längst, welchen Missetätern dieser Aufwand galt. In den Schänken und Weinhäusern der Stadt sprach man schon seit Monaten über die Verbrecher, welche in der Fronfeste zu Straubing einsaßen. Schreckliche Einzelheiten über ihre abscheulichen Taten machten die Runde. Mit dem Teufel hätten es die Raubmörder und Brandstifter gehalten. Der Leibhaftige selbst sei es gewesen, der ihnen den Auftrag gegeben habe, das ganze niederbayerische Land in Angst und Schrecken zu versetzen. Ja, selbst beim Wildern und auf der Lauer nach Reisenden, die durch die langgezogenen Waldungen des Rottaler Hügellandes mussten, habe den Matzeder der Teufel persönlich begleitet und beschützt.

So wuchs durch immer neue Geschichten das Interesse in der Bevölkerung von Tag zu Tag. Nachdem die Hinrichtung durch Aushänge angekündigt worden war, kamen aus allen Richtungen Schaulustige in die Stadt. Viele der Besucher wurden von den Torwächtern misstrauisch beäugt und nicht wenige abgewiesen. Am schnellsten hatte sich unter dem wandernden Volk der Bettler, Gaukler und sonstiger Scharlatane die Nachricht von dem bevorstehenden Spektakel herumgesprochen. Zahnreißer, Jongleure, Taschenspieler, Schauspieler, reisende Kupferstecher und vagierende Handwerksburschen fanden sich Tage zuvor schon ein. Nicht Solidarität oder gar Mitleid mit den armen Sündern führte sie nach Straubing, sondern die Hoffnung, im Treiben der Schaulustigen ihr Geschäft zu machen. Schon am Samstag waren die Winkelherbergen und Gasthäuser überfüllt. Lauter als sonst ging es in den sommerschwülen, wenngleich auch schattigen Biergärten zu, wo bei reichlich Bier und Wein Einheimische wie Fremde beisammensaßen und sich über die bevorstehende Hinrichtung unterhielten. Da erzählte einer von der Hinrichtung des Michl Niedermeier, der an gleicher Stelle vor einem Jahr am Hagen geköpft wurde. Der Straubinger Scharfrichter Zankl hatte damals zwei Hiebe mit dem Schwert benötigt, ehe der Kopf in die Kiste fiel. Dass es in der Nähe der Fronfeste auch spuken würde, seit die Gefangenen dort einsäßen, wusste ein anderer zu erzählen. Vor allem zur Mitternacht höre man den Teufel rufen: »Gebt sie her! Gebt sie her!«

Zigeunervolk

Während der größte Teil der Menschenmenge von Sensationslust und Blutrausch getrieben der Hinrichtung beiwohnte, erhofften sich viele Bettler, Zigeuner und Schausteller einen finanziellen Gewinn. Sie zählten zur armen Unterschicht. Sie kamen zu Fuß, ausgemergelt, manche auf Krücken gestützt, andere eine Kraxen auf dem Rücken tragend, zerlumpt, reich höchstens an Kindern, die ebenso in einem erbärmlichen Zustand dreinliefen. Jeder Einzelne hatte nur die Hoffnung, irgendwie Gewinn aus diesem Auflauf zu ziehen. Das war die Gruppe der Umherziehenden, der Ruhelosen, von den Bürgern verachteten und von der Obrigkeit verfolgten Hungerleider, Fretter und Taugenichtse, wie sie zur damaligen Zeit beschrieben wurden.

Es gab schlechte und gute Tage im Leben dieser Menschen. Die einen waren die Tage des Hungers und der Kälte, an denen sie mit klammen Fingern an die Türen der Bauernhöfe pochten und meistens mit groben Worten davongejagt wurden. Viele erfroren, verhungerten oder starben einfach an Entkräftung. Die besseren Zeiten waren die im Frühsommer, in denen die Luft mild, das Land grün und das Leben leichter war als in den Wintermonaten. Dann übernachteten sie im Freien und waren nicht auf einen barmherzigen Bauern angewiesen, der ihnen erlaubte, in einem Stall Quartier zu beziehen. Von der Stadt- und Landbevölkerung oder gar von der Obrigkeit hatten sie wenig Mitleid zu erwarten, da sie als Plage, nicht als Mitbürger, angesehen wurden.

Der Beichtvater

Um die Gefangenen der Macht und dem Einfluss des Teufels zu entreißen, bedurfte es geistlichen Beistandes. Ein Pfarrer sollte die Gefangenen durch Beichte und Absolution wieder mit Gott versöhnen und zum rechten Glauben zurückführen. Diese Aufgabe galt nicht nur dem Seelenfrieden der Reumütigen, sondern war Teil des Kampfes gegen das Böse, dem die Räuber erlegen waren. Für diese gerade bei Franz Matzeder schwierige Aufgabe wurde vom Stadtpfarrer der Kooperator Johann Baptist Aigner bestimmt, der erst seit einem Jahr in der Straubinger Stadtpfarrei St. Jakob wirkte. Der Kooperator Aigner wurde am 11.4.1809 in Hirschkofen, Pfarrei Leiblfing, geboren und am 31.7.1838 in Regensburg zum Priester geweiht. Ihm waren die Galgenvögel nicht mehr unbekannt, denn schon seit einiger Zeit besuchte der Geistliche ab und zu die Insassen der Fronfeste. So kam der in eine schwarze Soutane gekleidete fromme Mann an einem lichten Sommernachmittag in die düstere Zelle zu Franz Reiter und setzte sich auf einen bereitgestellten Hocker. Ein großer Kreuzanhänger zierte seine Brust. Den Kopf hielt er leicht zur Seite geneigt und verdeckte mit der flachen Hand den direkten Blick auf den angeketteten Gefangenen. Er schickte sich an, die Beichte zu hören. Der Hocker ersetzte den Beichtstuhl, die vorgehaltene Hand das Sprechgitter. Vielleicht empfand der Beichtvater den Auftrag, der ihm vom Stadtpfarrer zugemutet wurde, als lästig und ärgerlich, aber es war nun einmal die Christenpflicht eines Pfarrers, sich besonders um die Gestrauchelten zu kümmern, die vom Glauben abgefallen waren. Es stank in der Zelle. Zwar hatte die Eisenmeisterin vor dem Besuch des Geistlichen den Raum noch gekehrt und das Fenster geöffnet, aber die dumpfe schwere Luft und der Gestank nach Exkrementen waren nicht aus dem trüb erleuchteten Raum zu vertreiben. Der Kooperator murmelte die vorgeschriebenen lateinischen Sätze, schrieb mit der Kante seiner Rechten das Kreuzzeichen in die Luft und flüsterte dann in gewohnter Manier dem Angeketteten zu, er möge seine Sünden vor Gott dem Allwissenden, Allmächtigen und Allesverzeihenden bekennen. Mit schwacher, brüchiger Stimme begann der Gefangene zu reden. Was mag Reiter wohl gesagt haben? Vermutlich, dass ihm alles sehr leid tue, dass er zu den Taten angestiftet worden sei und dass er von ganzem Herzen zur Buße bereit sei. Er wusste, dass sein Schicksal besiegelt war. Eine offene, ehrliche Beichte war seine letzte Chance, reinen Herzens vor Gottes Thron zu treten. Der Kooperator wird ihm Mut zugesprochen haben, um dann eilends die Keuche und die Fronfeste zu verlassen. Es sollte nicht sein letzter Besuch dort gewesen sein. Die Hinrichtung rückte näher und die Gefangenen, außer Matzeder, verlangten nach dem Beistand der Kirche.

Letzte Besuche

Am Samstag, den 21. Juni 1851, also zwei Tage vor der Hinrichtung, bekam der Kerkermeister um 9 Uhr früh noch hohen Besuch. Seine Frau hatte die Wohnstube im Anbau der Fronfeste sauber gefegt und frische Wiesenblumen auf den Tisch gestellt. Das Verfahren gegen die Matzöder Räuber sollte heute einen ersten Abschluss finden. Richter Prell vom Königlichen Apellationsgericht, Staatsanwalt Sedelmaier und der Kreis- und Stadtgerichtsprotokollist Pappenberger traten ein, nahmen auf den einfachen Holzstühlen Platz und wiesen den Kerkermeister an, den Gefangenen Georg Weger in die Stube zu bringen. Unter der Begleitung von vier Gendarmen erschien wenig später der Eisenmeister mit dem Gefangenen, der elend hohläugig dreinblickend und mit schleifenden Ketten die Stube betrat. Eingeschüchtert blickte er in die ernsten Gesichter der versammelten Herren. Mit harscher Stimme teilte der Staatsanwalt dem Sträfling mit, dass man heute zur Verkündung des Rechtstags gekommen sei. Er, Georg Weger, habe noch einmal Glück gehabt, denn seine allergnädigste Majestät der König habe die gegen ihn rechtskräftig erkannte Todesstrafe in lebenslange Kettenhaft gemildert.

Weger bekreuzigte sich und sagte nur: »Herrgott, ich dank dir!«

Der Staatsanwalt meinte darauf nur mit drohenden Worten, er solle sich nicht zu früh freuen, denn die Kettenhaft werde für ihn wie die Hölle auf Erden sein.

»Bringt den Verurteilten wieder in seine Zelle und führt Franz Reiter vor!«, befahl der Staatsanwalt dem Kerkermeister.

Abgemagert, mit eingefallenen rot unterlaufenen Augen, am ganzen Körper zitternd, so betrat Reiter, den Blick zu Boden gerichtet, den Raum und wagte die hohen Herren kaum anzusehen.

»Er möge gerade stehen und sein Haupt erheben, um den Grund des heutigen Besuches zu erfahren!«, ermahnte ihn der Staatsanwalt.

Reiter versuchte Haltung zu bewahren, war aber nicht mehr ganz Herr seines zittrigen Körpers. Ein für ihn unvermeidbares Klingeln der Ketten an Händen und Füßen blieb keinem der Anwesenden verborgen. Unbeeindruckt und ohne jedes Mitleid begann der Staatsanwalt mit den Worten: »Ihr, Franz Reiter, seid heute zur Verkündung des Rechtstags vor uns erschienen. Seine Majestät, der allergnädigste König von Bayern, haben vermögens höchster Entschließung vom 4. Juni 1851 die gegen euch, Franz Reiter, rechtskräftig erkannte Todesstrafe erklärt, dass zu eurer Begnadigung kein zureichender Grund gefunden worden sei!«

Reiter brach augenblicklich zusammen, so dass er von zwei Gendarmen gestützt werden musste. Der Staatsanwalt ermahnte ihn, er solle gefälligst Haltung bewahren, er habe von niemandem Mitleid zu erwarten, schließlich hatte auch er bei den Überfällen und Ermordungen seiner armen Opfer keinerlei Mitleidsgefühle gezeigt.

Als sich die Lage einigermaßen beruhigt hatte, fuhr der Staatsanwalt mit seiner Verkündung fort. Reiter werde am Montag, den 23. Juni, zur Richtstatt auf dem Hagen geführt und in öffentlicher Hinrichtung durch das Schwert seiner gerechten Strafe zugeführt. »Man führe den Gefangenen wieder ab und bringe augenblicklich den Verurteilten Franz Matzeder zur Verkündung.«

Von der langen Haft gezeichnet, an Händen und Füßen mit schweren Ketten so gefesselt, dass er sich nur mit kleinen Schritten fortbewegen konnte, humpelte schließlich mit finsterer Miene und fluchend der Räuberhauptmann in den Raum. Da stand er nun und blickte mit stechenden Augen, erst düster blickend, dann frech grinsend in die verdutzten Gesichter der Beamten.

Ob er, Franz Matzeder, denn wisse, warum er heute hier vorgeführt werde und ob er sich über den Ernst der Lage bewusst sei, war die Frage des Staatsanwalts. Er antwortete, man werde ihm schon sagen, was man von ihm wolle, aber die Herren sollten sich dabei beeilen, damit er diesen von Dreck stinkenden Raum endlich wieder verlassen könne. Mit Empörung, sich gegenseitig ungläubig anblickend, reagierten die Männer auf die Beleidigung dieses Verbrechers. Nach einer kurzen Pause und nach Worten ringend ermahnte der Staatsanwalt Matzeder, er solle augenblicklich mit diesen unverschämten Äußerungen aufhören. Ihm würde das Lachen schon noch vergehen. Der Grund, warum heute diese ehrbaren Herren vom Königlichen Gericht in der Fronfeste erschienen seien, sei die Verkündung des Rechtstags, welche er ihm nun mitteilen werde.

Welche ehrbaren Herren er denn gemeint hätte, provozierte Matzeder weiter. Als habe er es nicht gehört, fuhr der Staatsanwalt mit hochrotem Kopf fort: »Seine Majestät, der König von Bayern, haben vermögens höchster Entschließung vom 4. Juni 1851 die gegen euch, Franz Matzeder, rechtskräftig erkannte Todesstrafe erklärt, dass zu eurer Begnadigung kein zureichender Grund gefunden wurde!«

Matzeder zuckte nur mit den Schultern.

Sichtlich aufgebracht über diese Prozedur gab der Staatsanwalt dem Kerkermeister das Zeichen, dieses Ungeheuer wieder zurück in seine Zelle zu bringen. Als letzten Wunsch bat Matzeder um zwei Pfund Kirschen. Reiter hatte gebeten, die letzten Tage nicht mehr alleine in der Zelle verbringen zu müssen. Die Bitten der beiden wurden gewährt und so wurden die beiden Todeskandidaten noch einmal in die Turmzelle zusammengelegt.

Ein weiterer Besucher erschien an diesem Tag, der Kooperator Johann Baptist Aigner. Er war gekommen, um den Gefangenen in den letzten Tagen vor der Hinrichtung Trost zuzusprechen. Er begab sich mit geschürzter Soutane in die Zellen, um mit vorgehaltener Hand Schuldbekenntnisse und Unschuldsbeteuerungen zu hören und Buße und Lossprechung zu gewähren. Während Reiter, der ohnehin dem Wahnsinn nahe war, ebenso Weger, geradezu nach dem Geistlichen verlangten, lehnte Matzeder diesen zum wiederholten Male ab.

Der letzte Weg

Am Morgen des 23. Juni 1851 war der Kooperator Aigner nochmals da. Mit einem »Gelobt sei Jesus Christus« trat er durch die doppelte Tür des Turmzimmers. Einer der beiden Soldaten, die sich wie immer links und rechts vom Türstock postierten, stellte ihm einen Stuhl in die Mitte des Raumes. Noch einmal gemeinsam den Blick auf Christus richten, auf das Kreuz und das Leiden, womit er ihnen vorausgegangen war. Matzeder hörte nicht mehr hin. In seinem Kopf war nur noch Leere. Wohl hatte er hier in der Fronfeste Zeit gehabt, sein Leben zu überdenken, seine Sünden vor Gott zu tragen und zu bereuen, aber die Umstände ließen ihn nicht daran zweifeln, dass er zu dem gemacht wurde, was er war: ein trauriger Mensch, der von der Gesellschaft so geformt wurde. Nach zwei Tagen und Nächten, in denen er keinen Schlaf finden konnte, war jetzt nicht mehr die Zeit zum Beten.

Einen Gedanken zu fassen war auch nicht mehr möglich gewesen, bei dem ewigen Gewinsel seines verrückt gewordenen Kumpans Reiter. Tagelang hatte der „gezahnt" und im Zustand der Todesangst gezittert. Jedes Mal, wenn der Türriegel auf den Anschlag zurückgeschoben wurde, fuhr er zusammen und schrie panisch. Matzeders Wunsch, nochmal ein strammes Weib nehmen zu dürfen, wurde ihm nicht gewährt und es reute ihn jetzt, dass er nicht verlangt hatte, einfach eine letzte Nacht in einer Einzelzelle verbringen zu dürfen. Dieser Idiot Reiter war die schlimmste Geißel, die er die letzten Tage hatte ertragen müssen. Wenn er sich nur eine Minute hätte von den Ketten losreißen können, er hätte ihm noch am Tag der Hinrichtung ohne zu zögern die Luft abgedrückt. Kurz nachdem der Kooperator gegangen war, füllte sich das Turmzimmer mit Soldaten, die ihre Gewehre in Anschlag hielten. Jetzt sollten die Verbrecher ihren letzten Weg antreten, der hinab zum Hagen führte. Doch gerade jetzt fürchtete man den Widerstand des unberechenbaren Räubers Matzeder. Er könnte vielleicht das Gewehr eines Soldaten an sich reißen oder durch ein Handgemenge die Erschießung provozieren und damit der öffentlichen Hinrichtung entgehen. Lange hatte sich der Eisenmeister darüber den Kopf zerbrochen, welche Vorsichtsmaßnahmen zu treffen seien. Einfach losbinden schien zu riskant. Bevor der grobschlächtige Vorsteher dem Matzeder also die Kette löste, die an dem verrosteten Ring in der Wand verankert war, trat er mit einem schweren Holzknüppel an ihn heran. Ohne Skrupel schlug er sein wehrloses Opfer zuerst brutal auf die Hände, dann auf die Oberschenkel und auf den Brustbereich. Die Soldaten standen in sichtlicher Konzentration schussbereit. Mit gebundenen Händen und Fußfesseln führten sie ihn über die Steintreppen die drei Stockwerke nach unten. Er ging langsam, mit schmerzverzerrtem Gesicht, hinab. Die Monate ohne Bewegung ließen seine Muskeln schwinden. Unglaublich steif fühlte sich sein Körper an und jeder Schritt schmerzte. In einem kahlen, modrigen Raum wurden ihm nun die Handfesseln gelöst und er musste sich das graue leinene Sterbehemd überziehen. Einer der Helfer gürtete ihn noch mit einem Hanfstrick.

Mit seinem unverbesserlichen Galgenhumor stellte er fest: »Wenigstens krieg i noch ein neus Gwand, wenn i heut unter d'Leut darf!«

Jetzt fehlte nur noch die schwarze Schandtafel, die ihm um den Hals gehängt wurde. Darauf war zu lesen, dass er des Mordes schuldig und zur Todesstrafe verurteilt war. Obwohl ihm die Glieder schmerzten und er auf dem Weg zum Henker war, nahm er die Eindrücke ganz bewusst wahr. Er trat durch das Tor des Haupthauses der Fronfeste und fühlte Freiheit, wie lange nicht mehr. Zum ersten Mal in diesem Jahr vernahm er den Sommer. Rechts zur Hofmauer stand auf einem drei Meter breiten Streifen saftiges, gut kniehohes Gras. Eine Gruppe Tauben flog in einer Formation über den Hof und man hörte die Windgeräusche ihrer Schwingen. Ein guter Tag zum Leben – nicht zum Sterben. Unbewusst war er stehengeblieben und sog die Eindrücke in sich auf. Ein Soldat stieß ihn in den Rücken und drängte zum Weitergehen. Im Innenhof der Feste wartete schon der Sünderkarren für das letzte Geleit. Vorne am Bock saß der Fuhrmann, dahinter seitwärts der Henkersknecht, in der Mitte schließlich Matzeder und daneben Kooperator Aigner, der ihm die letzten drei Tage zur Seite war, dahinter saßen noch zwei Soldaten und ein weiterer Geistlicher. Mit berittenen Soldaten der Bürgerwehr an der Spitze, anschließend eine Abteilung Jäger, dann die beiden Armesünderkarren, eskortiert von einer Reihe von Liniensoldaten, setzte sich der Zug in Bewegung. Doch die Prozession ging nicht wie erwartet zum Hagen hinab, sondern erst einmal hinauf zum Stadtplatz. Die Hufeisen der Rösser und die Eisenreifen an den Holzrädern der Wägen klapperten laut auf den Pflastersteinen der Stadtstraße. Der Anstieg verlangsamte nun den Schritt deutlich.

Unglaublich viele Menschen säumten den Weg. Dieser Tag war das große ersehnte Spektakel für die ganze Region. Aus einem weiten Umkreis, aus Niederbayern und der Oberpfalz, waren Neugierige herbeigekommen. Die Menschen hatten sich zusammengetan und fuhren mit vollbesetzten Heuwagen nach Straubing, um das Ende dieses Räubertreibens mitzuerleben. Tagelang schon waren die Wirtsstuben bis in die späten Nachtstunden gefüllt. Die Menschen feierten ausgelassen, wie auf einer »Kirta«.

In der Nähe der Kirche St. Jakob wartete eine größere Menschengruppe aus der Simbacher Heimat. Auch die Familien der Verurteilten waren gekommen, um in dieser Stunde beizustehen. Mit schmerzlicher Scham ertrugen sie den Rausch und die Feierstimmung der Schaulustigen. Als die Wagen vorbeifuhren, wandte sich die gebrochene alte Matzederin ab. Sie konnte ihrem Franz in diesem Exzess aus Hohn und Todesgeilheit nicht in die Augen schauen. Dieser Pöbel konnte es kaum erwarten, das Blut von Menschen fließen und Köpfe rollen zu sehen. Hätte Matzeder nicht die Schmerzen in der Brust gelitten – der Eisenmeister hatte ihm mit seinem Knüppel eine Rippe gebrochen – er hätte an diesem Aufgebot von Schaulustigen seinen Spaß gehabt. So viele Leute, nur um ihn zu sehen, das erfüllte ihn trotz seiner misslichen Lage mit Stolz. Der ganze Gäuboden war auf den Beinen. Er griff in seinen Beutel und holte sich einen Rest Kirschen heraus, die er sich als Henkersmahlzeit am Vortag hatte bringen lassen. Er aß die süßen Früchte und versuchte, die Kerne den Gaffern herausfordernd ins Gesicht zu spucken. Die Reaktionen waren ganz unterschiedlich. Einige beschimpften ihn, andere suchten die Kerne zu sammeln, galt doch alles, was mit den Todeskandidaten im Zusammenhang stand, nach altem, mit heidnischen Bräuchen durchmengten Volksglauben, als heilig und wirksam gegen böse Geister. Matzeder hatte seinen Spaß daran.

Am Rathaus angekommen hielt der Zug an. Auf dem Balkon standen schon mehrere Herren des Schwurgerichts. Nachdem die Zuschauer zur Ruhe aufgefordert wurden, verlas der Protokollführer noch einmal das Urteil des Gerichts sowie die Bestätigung durch Maximilian II, den König von Bayern. Auch der Eisenmeister war inzwischen hinaufgestiegen und reichte dem Exekutionskommissär zum richtigen Zeitpunkt den schwarzen Stab. Dieser fasste den Stab mit beiden Händen, hob ihn auf Augenhöhe und hielt bedächtig inne. Augenblicklich war es jetzt unter den Zuschauern tatsächlich totenstill. Knackend zerbrach der Stab in zwei Teile. Der Kommissär öffnete die Hände und ließ die beiden Teile von der Empore hinunter auf die Straße fallen. Die Hölzer klimperten mit hellem Ton auf dem Granit. Damit war das Urteil noch einmal vor den Augen des Volkes gesprochen. Die Delinquenten waren des Todes und konnten nun zur Hinrichtung überführt werden.

Am Hagen, dem großen Platz südlich des Flusslaufs der Donau, hatte man für die Hinrichtung ein etwa drei Meter hohes Podest aus Holzbohlen und Brettern aufgebaut. Möglichst viele Leute sollten den abschreckenden Todesakt mit ansehen können.

Zuerst wurde Franz Reiter zum Scharfrichter hinaufgeführt, um unter großem Gejammer sein Leben auszulöschen. Es dauerte nur wenige Minuten und Reiters Kopf rollte über den mit Sägemehl aufgestreuten Boden. Entsetztes Raunen, aber auch zustimmende Rufe drangen an das Ohr Matzeders, der noch unter scharfer Bewachung auf dem Karren wartete.

Nun war er an der Reihe. Zwei Soldaten packten ihn und stießen ihn vom Wagen hinunter. Seine Beine waren nicht mehr in der Lage, das Gewicht aufzufangen. Sein Körper hatte es verlernt, Gleichgewicht zu halten und er stolperte mit den kurz zusammengehängten Beinen, flog nach vorn und landete mit dem Gesicht im Dreck. Die Soldaten zogen ihn hoch, stießen ihn auf die schmale Treppe und drängten mit ihm nach oben. Die Geistlichen, der Protokollführer, Soldaten und der Scharfrichter Josef Zankl mit Gehilfen standen schon bereit. Noch einmal erhob der Protokollführer die Stimme zu einer kurzen Ansprache. Matzeder hörte nur noch das Stimmengewirr der Menge, schaute in verschiedene Gesichter. Er spürte den Schmerz seiner Glieder. Er versuchte sich zu sammeln. Wie in einem Rausch verschwammen die Bilder und nur noch Wortfetzen drangen an seine Ohren. Plötzlich trat der Pfarrer zu ihm und hielt ein Kruzifix vor sein Gesicht. Jetzt besann er sich ein wenig. Der Kooperator hatte ihm den Ablauf erklärt. Er sollte vor seiner Hinrichtung das Kruzifix küssen. Franz blickte auf das Kreuz, dann in das Gesicht des Pfarrers und wandte sich wortlos ab. Es war nicht das Kreuz, das er zurückweisen wollte, sondern das Drängen des Pfarrers. Jetzt fühlte er sich gehetzt. Sein Geist war in diesen letzten Augenblicken im Gebet mit Gott, auch wenn er gleichzeitig gegen die Welt rebellierte.

»Mein Bluat soll über euch kommen!«, schrie er in die Menge und gleichzeitig sagte er im Geist »Jesus, erbarm dich meiner!«

So sehr jetzt seine Zuversicht und Hoffnung auf Christus gerichtet war, so sehr verabscheute er die Menschen. Die Menge wurde laut und provozierte ihn mit Beschimpfungen und Hohn. Bevor der Scharfrichter seines Amtes waltete, war es Sitte, dass der Delinquent an den vorderen Rand der Hinrichtungsbühne trat, um für das Urteil zu danken und bedauernde und mahnende Worte an die Zuschauer zu richten. Der Pfarrer wies ihn nochmals scharf an, diesen letzten Akt in Würde und christlicher Demut zu erledigen. Matzeder trat also vor. Augenblicklich wurde es still. Mit seinem gefürchteten harten Blick, die Augen böse zusammengekniffen und die Lippen zu einem dünnen Strich gepresst, schaute er langsam über die Köpfe auf dem Platz.

Jeder, den sein Blick traf, senkte den Kopf und konnte dem Blickkontakt nicht standhalten. Sein Leben war am Ende angelangt. All diese Elenden würden in diesen Minuten sein Sterben sehen und dann wieder nach Hause gehen – das ärgerte ihn. Doch einen reumütigen Matzeder sollten sie bis zum letzten Atemzug nicht erleben, dafür war sein Stolz zu groß. Er holte tief Luft. Die gebrochene Rippe stach in der Brust und mit einem Seufzer schnaufte er laut aus. Doch anstatt Trauer auszudrücken, grinste er selbstgefällig und schrie frevelhaft:

»Wer mir einen Brief an den Deifl mitgebn will, der soll ihn gleich hertun – in fünf Minuten bin i unt!«

Mancher Zuschauer vernahm die Worte mit Schaudern. Ohne länger auf die Reaktionen zu achten, drehte sich Matzeder um und ging zurück zum Holzblock, wo Scharfrichter Zankl stand. Noch eine Gelegenheit fand er, seine Kaltschnäuzigkeit unter Beweis zu stellen. Bevor er sein Haupt auf den Block legte, zog er sich links und rechts die langen schwarzen Bartenden durch seine Ohrringe, damit sie nicht vom Schwert durchtrennt würden. Das Armesünderglöcklein erhob sein klägliches, helles Gewimmer. Ohne ein weiteres Wort kniete der Räuber nieder und schon zischte das Schwert des Scharfrichters auf ihn nieder und trennte mit nur einem Hieb den Kopf ab.

Nachdem Kooperator Aigner noch einige mahnende Worte an die Schaulustigen gerichtet hatte, legte man die Leichname von Franz Reiter und Franz Matzeder in Holzkisten.

An der Außenmauer des Friedhofs von St. Michael verscharrte man sie unter Ausschluss der Öffentlichkeit.

Anrede

Unmittelbar nach der Hinrichtung sprach Kooperator Aigner eine mahnende Predigt an das anwesende Volk.

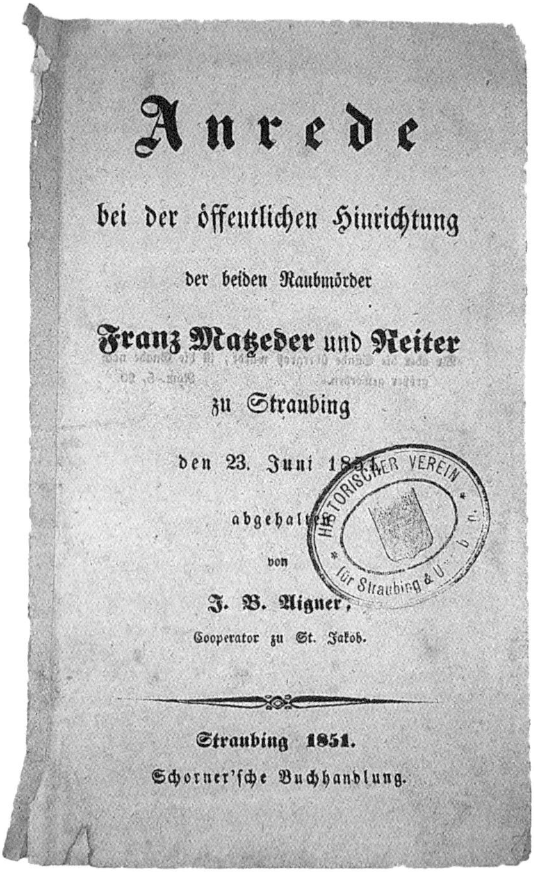

Anrede

bei der öffentlichen Hinrichtung

der beiden Raubmörder

Franz Matzeder und Reiter

zu Straubing

den 23. Juni 1851

abgehalten

von

J. B. Aigner,

Cooperator zu St. Jakob.

Straubing 1851.

Schorner'sche Buchhandlung.

Ein Exemplar des Predigtbüchleins ist im Besitz des ***Historischer Verein für Straubing und Umgebung 1898 e.V.*** *(Foto: Fred Haller)*

Der Originaltext der Predigt sei hier angeführt:

Menschenblut, und wieder Menschenblut ist soeben vergossen worden und zur Erde niedergeronnen. Das Leben zweier Menschen – armer Sünder – hat soeben verbluten müssen. Das Schwert der Gerechtigkeit hat sich gegen sie erhoben und unaufhaltsam den Todesstreich geführt und entseelt liegen ihre blutenden Leichen vor unseren Augen. Keine, auch nicht die eifrigste Verteidigung, konnte das harte Urteil aufhalten oder umändern helfen; kein Gerichtshof konnte auf Strafmilderung zu erkennen bewogen werden, selbst das milde Herz des Königlichen Landesvaters konnte zur Begnadigung keinen Grund finden.

Sie sind verurteilt, zum Tode verurteilt, ohne Gnade verurteilt und gerichtet worden. Wer von uns trägt ein fühlendes Herz im Leibe und sollte dieses Urteil nicht hart, nicht traurig nennen? Wer hätte das Blut dieser armen Sünder fließen sehen, ohne tiefe Wehmut und herzliches Mitleid zu empfinden? Sind sie ja Menschen gewesen, unglückliche Menschen! Menschen, die umso mehr auf Mitleid und Teilnahme eines Christenherzens Anspruch haben, je unglücklicher sie geworden, je tiefer sie gefallen sind; Menschen, welche so groß und viel auch ihre Sünden und Verbrechen gewesen sein mögen, dennoch die Gnade und Barmherzigkeit unseres Gottes nicht verwirkt hatten, denn, so sagt der heilige Weltapostel Paulus:

»Wo aber die Sünde übergroß wurde, ist die Gnade Gottes noch größer geworden.«

Oh, ein schönes, ein trostreiches Wort und für unsere zwei armen Sünder recht passendes Wort. Möge daher die Anwendung desselben auf ihr Leben und Sterben unsere Aufmerksamkeit auf einige Augenblicke in Anspruch nehmen.

Oh, ihr Unrecht ist groß, ihre Sünde ist übergroß geworden. Sie hat bis zum Himmel hinaufgereicht und die Strafe des gerechten Gottes gegen sich herausgefordert, ihre Sünde ist stark und mächtig geworden, sie hat Leib und Seele durchdrungen, sie hat sich auf dem Gesichte dieser Verbrecher in scharfen Zügen kenntlich gemacht.

Ja, ich glaube, wenn jemand – der bisweilen von dem Gedanken angefochten wird: Es gibt keine Hölle, es gibt keinen Teufel – das Gesicht dieser beiden Verbrecher betrachtet hätte, er müsste von dieser Versuchung gründlich befreit worden sein, denn während der eine auf demselben den Ausdruck der marternden Angst seines Gewissens, von seinen grausamen Freveltaten ihm ausgeprägt, allgemein zur Schau trug, und dadurch eine Seelenstimmung anzeigte, wie sie in der Hölle nicht ärger sein kann, blickte aus dem nicht für jedermann erträglichen Auge des andern ein Geist der Bosheit und Frivolität, wirkte in seinem Denken und Tun ein Geist unmenschlicher Grausamkeit und Verworfenheit, der nicht vom Himmel, nicht von der Erde sein kann, sondern der Hölle entstiegen sein muss. So groß war die Bosheit, so übergroß die Sünde geworden. Was kann noch größer sein, was kann ein solches Ungeheuer noch übertreffen? Ich weiß es nicht, ich kann mir kaum etwas Ähnliches denken. Aber der heilige Weltapostel Paulus nennt uns etwas noch Größeres, er bezeichnet es ganz bestimmt, wenn er schreibt:

»Wo aber die Sünde übergroß wurde, ist die Gnade Gottes noch größer geworden.«

Welche Gnade, und warum ist sie so groß geworden? Meine Freunde, das ist eine himmlische, eine göttliche Gnade; die finden wir nicht auf der Erde, da müssen wir unsere Augen aufwärts richten. Wir müssen emporblicken, zum Kreuze unseres leidenden und sterbenden Erlösers, Jesu Christi. Dort ist unsere Hoffnung aufgerichtet, Hoffnung auf Gnade, größer als die größte Sündenschuld sich erstreckend über die Sünden aller Menschen, die danach Verlangen tragen.

Als David die Berge bestieg und vor dem Angesichte des erbitterten Saul geflohen war, da kamen zu ihm alle, die in Nöten waren, und alle, die in Bedrängnis und bekümmerten Herzens waren, und er war ihr Oberhaupt (1. Kön. 22). Und er ward dadurch zugleich das Vorbild unseres göttlichen Erlösers, der ebenfalls, seitdem er den Schoß seines himmlischen Vaters verließ, und in die Wildnis dieser Erde herabstieg, in noch edlerem Sinne geworden ist das Oberhaupt, der Freund und Helfer aller Bedrängten und aller, die bekümmerten Herzens sind, und zu ihm ihre Zuflucht nehmen; ja der, seitdem er die Berge bestieg, den Kalvarienberg und das Kreuz bestieg, allen Sündern, auch den allergrößten, Vergebung ihrer Sünden, und Hoffnung auf die Wohnungen des ewigen Lebens gewährt.

Barmherzigkeit ist es zwar, sagt ein hl. Kirchenlehrer, dass der Sünder Begnadigung findet, wenn man ihn, den Sünder, betrachtet; oder Gerechtigkeit ist es, ihn zu begnadigen, wenn man Christus, den Erlöser, betrachtet, der für den Sünder Buße getan hat. Ungerecht wäre es, wenn demjenigen, der so viele Leiden und Unbilden ertrug, nicht gewährt würde, um was er bittet, nämlich die Rettung der Sünder; und wenn der milde Vater im Himmel die Seele seines geliebten Sohnes dadurch aufs Neue betrübte, dass er die Sünden nicht begnadigte, nachdem er seinen Leib und seine Seele mit unsäglichen Schmerzen betrübt hat, im Leiden und Sterben für die Sünder.

Unbillig wäre es, wenn der Vater seinen Sohn zweimal verurteilte, und eine Schuld mit zweifacher Strafe belegte, an dem göttlichen Erlöser und an dem Sünder; billig und gerecht ist dagegen, dass der Sünder begnadigt werde, nachdem sein Bürge die Sündenschuld so großmütig bezahlt hat.

Betrachten wir dies in einem Beispiele; wenn einer von den zwei armen Sündern, deren Leichen vor uns liegen, deren Seelen bereits von Gott gerichtet sind, einen guten Freund, einen Bruder gehabt hätte, einen so guten Freund und Bruder, dass er bei seiner Verurteilung zu ihm ins Gefängnis gegangen wäre, seine Gewande angezogen, seine Fesseln sich hätte anlegen und sich statt seiner hätte ausführen und hinrichten lassen und wenn dieses mit Wissen und Willen des weltlichen Gerichtes wirklich geschehen wäre; hätte dem armen Sünder nicht das Leben geschenkt werden müssen?

Das hat aber unser himmlischer Freund und Bruder, Jesus Christus, wirklich getan. – Er hat in die Gefangenschaft dieses Lebens sich hingegeben, hat die Gewande, die Fesseln unserer Menschheit angezogen, sich zum Tode verurteilen und schimpflich und qualvoll hinrichten lassen. Auf Anordnung der göttlichen Gerechtigkeit, damit alle Sünder, die mit Demut und Reue an seiner Richtstätte, unter seinem Kreuze Zuflucht nehmen, d. h. die an ihn glauben, nicht verloren gehen, sondern das ewige Leben haben (Joh. 3,15).

Wird sie die ewige Wahrheit zurücknehmen, diese Worte? Und wenn dieses nicht geschehen kann, wird der Sünder verloren gehen können, der ernstlich selig werden will, hat er nicht ein Recht auf Begnadigung und ewiges Leben? Oh wie groß ist eine solche Gnade, die aus der Barmherzigkeit sogar ein Recht werden lässt! Und wie wahr also für jedes gläubige Christenherz:

Wo die Sünde übergroß wurde, ist die Gnade noch größer geworden.

Ja, sie ist noch größer geworden, wir haben hier einen zweifachen Beweis vor uns. Wir haben soeben gehört, wie viel Böses, wie viele große Verbrechen unsere zwei armen Sünder vollbracht haben, wie ihr Sünderleben jahrelang fortgedauert hat. Die Gnade ist noch größer geworden, die Gnadenzeit hat noch länger gedauert, hat auch da noch fortgedauert, wo sie kein Verbrechen mehr begingen, oder begehen konnten. Sie haben diese Gnadenzeit nicht anerkennen, nicht benützen wollen. Sie mochten nichts wissen von Bekehrung, vom Beichten, nicht auf Ostern, nicht zur Jubiläumszeit. Die Gnade ist noch größer geworden. Es kam die Zeit des Todes, kam der Augenblick, wo ihnen das Urteil bekannt gemacht, und das Leben abgesprochen wurde, es kamen die letzten drei Tage ihres Lebens – und diese Gnade war groß, sie war so groß und wirksam, dass sie nicht mehr widerstehen konnten. Es geschah, was niemand erwartete, was viele nicht glauben wollten; sie entschlossen sich zum Beichten, zur Bekehrung; es flossen Tränen der Reue, der Buße, wir wollen hoffen, einer aufrichtigen Buße.

Es mag nun freilich mancher unter uns sein, der für eine solche Gnade eben nicht sehr dankbar sein, und sich vielleicht niemals eine solche wünschen möchte; aber liebe Christen! Es ist dennoch eine Gnade, eine große Gnade. Jene unglücklichen Opfer der Grausamkeit, die von diesen armen Sündern hingemordet worden sind, haben diese Gnade meisten-

teils nicht mehr gehabt; plötzlich mussten sie fort in die Ewigkeit. Wie viele sind denn unter uns, die eine solche Gnadenzeit schon durchgemacht haben, die für ihre Sünden schon drei Tage Buße getan haben, drei Tage über sie geweint, sie bereut und gebeichtet? Wie viele sind wohl solche da unter den Tausenden? Und wie viele sind diejenigen, die nicht etwa drei Tage, oder drei Jahre, sondern mehr als dreißig Jahre schon fortgesündigt haben? Werden sie doch einmal wenigstens drei Tage Buße tun? Und wohin endlich mit ihnen, wenn sie es nicht tun, nie die Buße anfangen? – In der Hölle, im Orte der ewigen Verzweiflung, schreien die Verdammten unaufhörlich, gebt uns drei Tage zur Buße, ja nur drei Stunden, und wir werden aus der Hölle uns befreien, und den Himmel erobern. Nimmermehr kommen diese drei Tage, nimmermehr erhalten sie diese Gnade. Wollen wir ihnen daher Glück wünschen, diesen zwei armen Sündern zu ihren drei letzten Tagen, den Tagen der Buße, wenn es auch in ihrem ganzen Leben die einzige Bußzeit gewesen ist, sie wird doch nicht fruchtlos gewesen sein; sie werden einst doch manchen vorgezogen werden, die noch gar nicht damit angefangen haben.

Wir alle aber sollten bei diesem blutigen Schauspiel der Sündenbuße, das vor unseren Augen eben aufgeführt wurde, ebenfalls zur Buße ermahnt und bewogen werden. Ohne Buße keine Begnadigung, ohne Begnadigung keine Seligkeit! Wir stehen hier an einem Orte, an dem vielleicht noch kein Beispiel der Buße vorgekommen ist, aber schon sehr viele Beispiele der Sünde wahrgenommen worden sind. Möchte die Erinnerung an dieses blutige Beispiel der Buße in Zukunft von der Sünde abschrecken und zur Buße antreiben. So würden uns die armen Sünder einen großen Dienst erweisen, wofür wir ihnen im Voraus dankbar seien, und ihre armen Seelen der Barmherzigkeit Gottes empfehlen wollen mit dem gewöhnlichen Gebet.

Nach einer kurzen stillen Pause stimmte Kooperator Aigner das Vaterunser an, in das ein großer Chor der Bürger einstimmte.

Begnadigung

Jahre später, 1857, wurde Georg Weger, auf ein neuerliches Gnadengesuch hin, da sich durch manche später sich ergebende Indizien und Geständnisse weiterer Mitglieder der Räuberbande der Schuldbeweis sehr abschwächte, gänzlich begnadigt. Nach seiner Freilassung stand er lediglich für weitere 5 Jahre unter einer allgemeinen Polizeiaufsicht.

Bänkelsänger

Zu einer Zeit, in der ein Großteil der Bevölkerung weder lesen noch schreiben konnte, gab es findige Leute, die übers Land zogen, sich auf den Dorf- oder Marktplätzen einfanden, um Kurioses darzustellen. Damit sie vom neugierigen Publikum besser gesehen werden konnten, stellten sie sich auf einen Schemel, ein „Bankerl", und daher stammt dieser seltsame Name Bänkelsänger.

Als Gaudium für die Menschen erzählten sie Geschichten von Raub, Mord und Hinrichtungen. Oft führten die Künstler grell bemalte Tafeln mit, auf denen die Inhalte der Lieder illustriert waren. Die Darbietung wuchs zu einem guten Geschäft heran, als man die Texte drucken ließ und sie nach den Aufführungen verkaufte.

Die meist anonym verfassten Liedtexten, wurden als Moritaten bezeichnet. Der Begriff Moritat ist wohl durch gedehntes Singen des Wortes Mordtat entstanden.

»Moritatensänger vom Hamburger Dom« (Jahrmarkt). Zeichnung, 1890, von Christian Wilhelm Allers (1857–1915). Aus der Folge: Die silberne Hochzeit. (Foto: akg-images)

Der Matzöder Hof im Lauf der Zeit

Im Jahre 1815 kauften Philipp Matzeder und seine Frau Elisabeth, geb. Lindhuber, ein Grundstück von ungefähr 3 Tagwerk Grund, bauten darauf ein einfaches Haus und Nebengebäude und bewirtschafteten es im Nebenerwerb. Nach wenigen Jahren konnten sie um ein kleines Waldstück erweitern. Nach dem frühen Tod des Bauern und dem beschämenden Ende des Franz Matzeder war es für den Rest der Familie nicht mehr möglich, auf Matzöd weiter zu wirtschaften. Nach der Hinrichtung des Sohnes war die Scham übergroß geworden. Von den Nachbarn und der gesamten Dorfgemeinschaft wurden sie gemieden, ja man kann sagen, sie lebten isoliert und unter Argwohn. Es blieb ihnen nichts anderes übrig, als wegzuziehen und irgendwo anders einen Neuanfang zu wagen.

So wurde das Anwesen im Jahre 1852 an die Familie Blöss verkauft. Im Laufe der Jahrzehnte gerieten die Schandtaten der Matzöder Räuber in Vergessenheit, nur noch ein paar wenige, besonders kuriose Begebenheiten, überlieferten sich hartnäckig und wurden bis in unsere Zeit weitererzählt.

Die Familie Blöss bewirtschaftete das Anwesen von 1852 bis 1872, also 20 Jahre lang, im Nebenerwerb und verkaufte es wegen Kinderlosigkeit im Jahre 1872 an die Eheleute Josef und Ursula Strobl, die das Wohnhaus und die Stallungen vergrößerten und noch einige Tagwerk dazukauften, so dass zum Anwesen alsbald 19 Tagwerk Grund und Boden gehörten. Nachdem sie Matzöd fast 27 Jahre bewirtschaftet hatten, übergaben sie im Jahre 1899 ihrer Tochter Elis (Elisabeth) und ihrem Schwiegersohn Josef Merz aus Höherskirchen den Hof und zogen sich in den Austrag zurück.

Die Familie Merz bewirtschaftete das Anwesen 41 Jahre lang und vergrößerte es durch Zukauf auf 27 Tagwerk Grund. Im Frühjahr 1940, nach dem Tod von Josef Merz, übernahm der Sohn Martin mit seiner Frau Maria, geb. Salzberger aus Arnstorf, das Anwesen.

Im Jahre 1968 ging der Hof auf die Tochter Maria und ihren Mann Anton Glatzeder über. Da die Gebäude den Anforderungen der Zeit nicht mehr entsprachen, wurde das Wohnhaus im Jahre 2003 erneuert, die Landwirtschaft aufgegeben und anstelle des Stallgebäudes eine Schreinerwerkstatt errichtet, wo Sohn Anton jr. als selbständiger Schreinermeister arbeitet.

Das Anwesen Matzeder um 1980. (Foto: Sammlung Kieslich)

Zeugen der Vergangenheit

Nicht schlecht staunten die beiden Autoren Haller und Kieslich, als sie bei den Nachforschungen vom jetzigen Besitzer des Anwesens, Anton Glatzeder, erfuhren, dass bei Abbrucharbeiten vor einigen Jahren eine doppelläufige Vorderlader-Pistole und ein Vorderlader-Gewehr zum Vorschein kamen.

Als im Sommer des Jahres 2003 das alte Haus abgebrochen und auch die Fußbodenbretter der Wohnstube herausgerissen wurden, bemerkte Glatzeder plötzlich unter der Kachelofenbank ein loses Brett. Als er dieses anhob, lag darunter die zweihundert Jahre alte Pistole. Sie war zwar über die langen Jahre stark verrostet und für ihren früheren Zweck unbrauchbar, aber man wollte sie als Erinnerungsstück aufbewahren.

Noch wichtiger aus heutiger Sicht war der Fund im Jahre 2004, als der alte Heustadel abgebrochen wurde. Ein Abrissbagger brachte das marode Gebälk zum Einsturz und schaufelte den Schutt auf einen Lastwagen. Hier war es wieder der Aufmerksamkeit Glatzeders zu verdanken, der die Arbeit des Baggers beobachtete, als plötzlich ein Gewehr vom Dachgebälk herunterfiel. In letzter Sekunde konnte er es retten.

Glatzeder machte sich kaum Gedanken über die Herkunft der beiden Waffen und verstaute sie in seiner Schreinerwerkstatt. Man wusste in der Familie nur wenig über die Matzöder Räuber. Zwar wurden sie schon des Öfteren auf die alten Geschichten angesprochen, konnten aber dazu keine Auskunft geben. Eine Überprüfung der Schusswaffen durch einen Spezialisten hat ganz klar ergeben, dass beide Vorderlader aus der besagten Zeit stammen und es sich mit ziemlicher Sicherheit um die Waffen des Räubers Franz Matzeder handelt.

Hier ist es den Autoren erstmals gelungen, neben Taufschein, Hinrichtungsrede, Gerichts- und Gefängnisprotokollen etwas Handfestes oder besser gesagt ein »Corpus Delicti« des gefürchteten Räubers Matzeder aufzuspüren, und damit seine Geschichte noch lebendiger werden zu lassen.

Matzeders Gewehr. Es befindet sich im Besitz von Anton Glatzeder. (Foto: Fred Haller)

Wachsfigurenkabinett

Die Bekanntheit Matzeders war in ganz Altbayern so groß, dass Johann Hammer, ein Wachsfigurenkünstler aus Regensburg, ihn als lebensgroße Figur in seine Ausstellung aufnahm. 1851 fand in der Hauptstadt der Oberpfalz eine Messe statt, wo Hammer seine Kunstwerke zeigte.

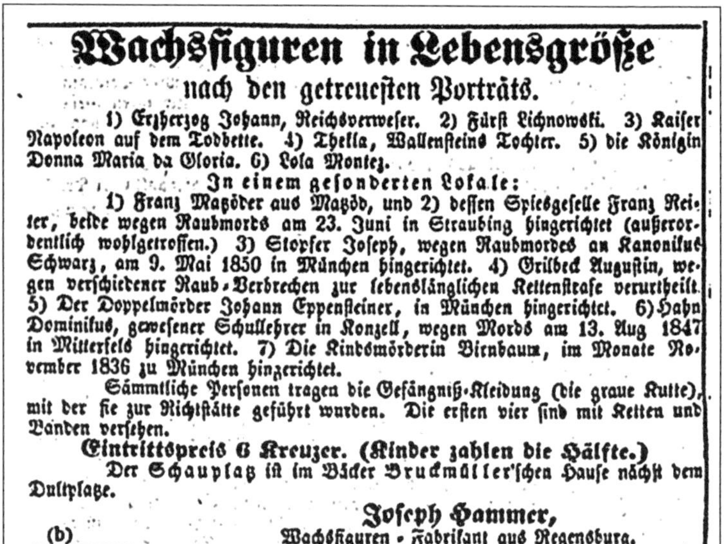

Wachsfiguren in Lebensgröße
nach den getreuesten Porträts.

1) Erzherzog Johann, Reichsverweser. 2) Fürst Lichnowski. 3) Kaiser Napoleon auf dem Todbette. 4) Thekla, Wallensteins Tochter. 5) die Königin Donna Maria da Gloria. 6) Lola Montez.

In einem gesonderten Lokale:

1) Franz Matzöder aus Matzöd, und 2) dessen Spießgeselle Franz Reiter, beide wegen Raubmords am 23. Juni in Straubing hingerichtet (außerordentlich wohlgetroffen.) 3) Stopfer Joseph, wegen Raubmordes an Kanonikus Schwarz, am 9. Mai 1850 in München hingerichtet. 4) Grilbeck Augustin, wegen verschiedener Raub-Verbrechen zur lebenslänglichen Kettenstrafe verurtheilt. 5) Der Doppelmörder Johann Eppensteiner, in München hingerichtet. 6) Hahn Dominikus, gewesener Schullehrer in Konzell, wegen Mords am 13. Aug 1847 in Mitterfels hingerichtet. 7) Die Kindsmörderin Birnbaum, im Monate November 1836 zu München hingerichtet.

Sämmtliche Personen tragen die Gefängniß-Kleidung (die graue Kutte), mit der sie zur Richtstätte geführt wurden. Die ersten vier sind mit Ketten und Banden versehen.

Eintrittspreis 6 Kreuzer. (Kinder zahlen die Hälfte.)

Der Schauplatz ist im Bäcker Bruckmüller'schen Hause nächst dem Dultplatze.

Joseph Hammer,
Wachsfiguren-Fabrikant aus Regensburg.

(b)

Historische Anzeige. (Foto: Auszug aus Regensburger Zeitung)

29. September 1851
Zeitungsanzeige im Regensburger Tagblatt:
... an Schaugegenständen ist einzig und allein nur das Wachsfigurenkabinett des hiesigen Künstlers Hammer ausgestellt, das sich durch eine ganze Galerie von Verbrechern in naturgetreuer und sprechendähnlicher Abbildung von Menschen auszeichnet, die erst in der jüngsten Zeit für ihre verabscheuungswürdigen Taten den Tod auf dem Schafotte erlitten haben. Die Abbildung des in Straubing hingerichteten Raubmörders Matzeder ist unzweifelhaft das gelungenste Kunstwerk Hammers.

Weitere Kunstwerke des Modelleurs waren:
Reichsvermesser Erzherzog Johann, Kaiser Napoleon, Wallenstein, Lola Montez und viele mehr.

Quellen

Ahnenreihe
Bischöfliches Zentralarchiv Regensburg

Sterbebuch der Pfarrei Straubing St. Jakob 1851

Anrede
Historischer Verein für Straubing und Umgebung 1898 e.V.

Königlich Bayerisches Geld. Zahlungsmittel und Finanzen im Königreich Bayern 1806 – 1918.
Dietrich O. Klose und Franziska Jungmann-Stadler

Staatsarchiv München – Gefängnis und Armenhaus Neudeck

Tauf- und Sterbebuch der Pfarrei Malgersdorf
Archiv des Bistums Passau

Auszug aus: Königlich bayerische Pfarrei Altheim (Taufbuch) und Johann Pollinger „Aus Landshut und Umgebung“ (1908)

Verhandlungsprotokoll: Auszüge aus Urteilsbuch
Staatsarchiv Landshut

Zeitungsbericht: Die letzte Öffentliche Hinrichtung
Straubinger Tagblatt von 1951
Stadtarchiv Straubing

Verhandlungen des ersten Schwurgerichts für Niederbayern zu Straubing vom 22. März bis 3. April 1848
Abensberger Wochenblatt, 10. Juni 1849

Zeitungsanzeige
Regensburger Tagblatt, 29. September 1851

Briefprotokolle, Staatsarchiv Landshut:
- Ehevertrag von Joseph Winkler und Klara Matzeder, 18.08.1846
- Übergabevertrag Elisabeth Matzeder, 18.08.1846

Berichte über die Hinrichtung von Matzeder und Reiter
Straubinger Tagblatt, verschiedene Ausgaben aus dem Jahre 1851

Chronik des Marktes Simbach bei Landau
Max Baumeister

Historische Katasterkarten von 1830
Vermessungsamt Landau

Landleben im alten Bayern
Karl Kieslich

Berichte aus dem Jahre 1849
Abensberger Wochenblatt

Geschichtliche Darstellung des Verbrechens des Franz Matzeder von Matzöd und des Franz Reiter von Birköd
Abzug eines historischen Dokuments im Besitz der Familie Bichlmaier in Wollersdorf

Abhandlung über Strafhäuser überhaupt
Joseph Hopfauer

... zu den Autoren

Fred Haller (rechts) wurde 1967 geboren. Er wuchs in einem sehr überschaubaren Dorf auf dem elterlichen Bauernhof auf. Sein besonderes Interesse galt seit jeher der Kunst und Kultur. Vor allem das Bayern der vergangenen Jahrhunderte hat es ihm angetan und so forscht er nach interessanten Persönlichkeiten seiner Heimat. Im Laufe der Jahre häufte er so viel Wissen an, dass er die Allgemeinheit daran teilhaben lassen wollte. Er entdeckte die Liebe zur bayerischen Literatur und begann, selbst Geschichten zu verfassen. Sein historischer Roman „Die Saumatz“ und zwei Werke über die „Matzöder Räuber“ finden große Beachtung.

Karl Kieslich (links) wurde am 05.11.1950 in Simbach bei Landau geboren und war bis zum Renteneintritt als technischer Angestellter beschäftigt. Nebenbei betätigte er sich als Buchautor. Seit 2012 ist er auch sehr erfolgreich als Filmemacher und Produzent von Filmen wie "Matzeder", "Bayerische Geschichten" und "Mühlhiasl" aktiv, wobei alle Filme mehrfach in regionalen Kinos und Stadthallen gezeigt wurden.

...mehr von Fred Haller

Für die einfachen Kleinbauern in Niederbayern ist das 19. Jahrhundert eine arme und harte Zeit. Besonders, wenn man den Makel der unehelichen Geburt trägt. Fanni wächst trotzdem zu einer lebenslustigen und starken Frau heran. Keiner Braven allerdings. Und so muss sie ihren Herrgott oft um Verzeihung und Hilfe anflehen. Als ihr Leben wieder einmal in Trümmern liegt, träumt sie vom Glück in einer Neuen Welt.

Die Saumatz Historischer Roman

Broschur, 216 Seiten
ISBN: 978-3-00057-576-1
Preis: 9,90 Euro

Mehr Infos:
www.alfred-haller-autor.com

„Haller ziert sich nicht in seiner Wortwahl. Nackt und ungeschönt bringt er die Lebensverhältnisse anno dazumal daher. Ebenso zeigt er die niedersten Abgründe menschlichen Miteinanders unverhohlen auf. So lässt er auch Leser zu Beobachtern vergangener Verhältnisse werden, denen die Fantasie ihrerseits nicht eigen ist. Und das freilich auch dann, wenn es zum Schmunzeln wird."

Landauer Zeitung und Landauer Neue Presse am 25.10.2017

Udo Bürger
Historische Kriminalfälle
3. Auflage 2004, 272 Seiten, 13,5 x 20,5 cm
schwarz-weiß bebildert, Broschur
ISBN: 978-3-95587-732-3, Preis: 16,90 EUR

Oskar Döring
Der Räuber Heigl
3. Auflage 2001, 200 Seiten,
11,5 x 18 cm, Broschur
ISBN: 978-3-931904-91-3, Preis: 7,90 EUR

Manfred Böckl
Bischofsmord und Hexenjagd
1. Auflage 2015, 152 Seiten,
13,5 x 20,5 cm, Hardcover
ISBN: 978-3-86646-714-9, Preis: 16,90 EUR

Manfred Böckl
König der Wildschützen
2. Auflage 2016, 296 Seiten, 13,5 x 20,5 cm
zahlreiche schwarz-weiß Abbildungen, Hardcover
ISBN: 978-3-86646-743-9, Preis: 16,90 EUR